1

Kann ein Atheist ein guter Mensch sein?

Kurze philosophische Texte und andere Gedanken

Wolfgang Ebenhöh, 2018

4

© 2018
Herstellung und Verlag:
BoD - Books on Demand, Norderstedt.
ISBN: 9783478149859

Altersweisheiten eines Professors?
Nein, eher Gedankenfetzen des Naturwissenschaftlers, den seine Fantasie dazu trieb, die Grenzen seines Fachgebietes gelegentlich zu überschreiten und außerhalb dieser Grenzen zu wildern. Was er schrieb ist oft frech und manchmal provokativ. Es hat ihm Spaß gemacht!

Wolfgang Ebenhöh, Juni 2018

Vorrede

Wir leben in einer interessanten Welt, und ich freue mich an ihr. Seit meiner Studienzeit denke ich über die Menschen nach, über Zukunft und Vergangenheit, Religionen und Ideologien. Nach meiner Emeritierung hatte ich viel Zeit, Neues zu beginnen: Bridge zu lernen, auf die Jagd zu gehen, Spanisch zu lernen, in die Welt zu reisen - und auch einige Gedanken aufzuschreiben. Die kleinen Texte stelle ich hier in sinngemäßen Blöcken zusammen, aber nicht zeitlich geordnet. Das Entstehungsjahr hat schon Bedeutung, denn die Welt verändert sich schnell, und ich lernte dazu. So haftet manchen der vor Jahren aufgeschriebenen Gedankensplitter schon eine gewisse Patina an.

In den Jahren 1985 bis 2008 hatte ich einen guten Freund, den Theologieprofessor Günther Roth. Wir spielten Volleyball und bereisten den Nahen Osten, wo wir unsere Schlafsäcke z.B. in einer Ziegenhöhle am Berg Nabo ausrollten, von dem aus Moses in den Himmel fuhr. Das Beste an unserer Beziehung waren die Streitgespräche. Ihm widme ich diese Sammlung. Ich erlaube mir, seinen Lieblingsspruch zu zitieren: "Oben licht und unten dicht. Lieber Gott, mehr wünsch' ich nicht." Doch Gott hat ihm diesen Wunsch nicht erfüllt.

Meine Frau begleitet mit Liebe und Großzügigkeit die Elaborate, oft schüttelt sie den Kopf über "die Mischung aus Vernünftigem und Unsinn". Sie ermunterte mich zu den Reisen, durch die ich reifte. Ich erlebte nicht nur Urwälder, Berge und Tiere, sondern begegnete interessanten Menschen und hatte unvergessliche Reisegefährten.

Wer soll die niedergeschriebenen Gedanken lesen? Wer will etwas von einem "guten Atheisten" wissen? Ich denke an Freunde und meine Enkel, die vielleicht einmal wissen wollen, was für ein Mensch ich war. Dem Leser mute ich einiges zu, er braucht Toleranz. Im Idealfall lässt er sich zum Weiterdenken anregen.

Wolfgang Ebenhöh, 26. Juni 2018

Inhalt

3) Zukunft der Menschheit

4) Der Mensch und sein Gehirn

5) GOTT

6) Die Gebetsmühle von Nyalla

Überzeugung

Die Wahrheit steht außen,
ist grau und unveränderlich.
Aber die Überzeugung!
Glänzend und entwicklungsfähig
wird sie immer stärker.
Sie schützt ihren Träger
vor unangenehmen Wahrheiten
und kann Dich sogar glücklich machen.
Die erbärmliche Wahrheit
dagegen schleicht weg.

Dezember 2014

Glaube und Zweifel

Kann ein Atheist ein guter Mensch sein?

Juni 2018

Ja. Ich bin aus fester Überzeugung Atheist und halte mich dennoch für einen guten Menschen. Hilfsbereitschaft ist ein wesentlicher Grundsatz meines Verhalten. Dazu kommt möglichst viel Rücksichtsnahme auf die Interessen meiner Mitmenschen und Toleranz. Ich gehe sogar noch einen Schritt weiter und sage, ich liebe die Menschen. Allerdings muss ich zugeben, dass diese Liebe wankt, wenn ich Menschenmassen sehe, besonders solche, die eine gemeinsame Überzeugung heraushängen. Ich mag Demonstrationen mit Geschrei gar nicht und kann mich politischen Vereinigungen nicht zuordnen. Unbedingt will ich meine Autonomie behalten, und Vielfalt ist mir wichtig. Doch bin ich auch wehrhaft, meine Toleranz ist beschränkt: Gegen Intoleranz und Überheblichkeit, besonders wenn sie mit Dummheit gepaart ist, gegen aggressives Verhalten und Betrug kann ich wütend vorgehen. Auch meine kleinen Texte sind gelegentlich giftig und beleidigend. In ihnen attackiere ich Ideen, die ich für menschenfeindlich halte, aber manchmal auch die Personen dahinter.

In meiner Kindheit hörte ich natürlich von christlicher Nächstenliebe und staunte über das "Liebe Deine Feinde". Heute aber lasse ich mich ganz unchristlich von der Vernunft lenken: Eine Gesellschaft funktioniert zum Vorteil aller am besten mit gegenseitiger Rücksichtsnahme und Hilfsbereitschaft und Toleranz. Meine Frau meint manchmal, ich nähme etwas zu viel Rücksicht auf andere. Sie vermutet wohl, ich hätte Angst, dass andere schlecht über mich dächten. Aber so ist das nicht: Mein Rücksichtnehmen ist nicht Schwäche, sondern ich entschließe mich dazu, weil ich selbstbewusst und belastbar bin und mich meist als der Stärkere fühle. Doch oft genug passiert es mir, dass ich aus Unachtsamkeit oder Gedankenlosigkeit auf die Interessen anderer zu wenig achte. Trifft das meine Frau, bin ich ganz unzufrieden mit mir.

Hilfsbereitschaft und Rücksichtsnahme sind für mich Ausdruck eines allgemeinen Prinzips: Jeder sollte nach seinen Möglichkeiten Verantwortung tragen, Verantwortung für die Welt, für andere und für sich selbst. Verantwortung zu tragen muss man lernen, und nicht jeder kann es. Mancher denkt, Egoismus und Verantwortung für sich selbst seien das gleiche, sollen die anderen doch auch für sich selbst sorgen! Und wenn jemand die Verantwortung für die Welt ganz weit nach hinten stellt, wirft er seinen Müll auf die Straße. Allerdings denken wohl die meisten gar nicht über ihre Verantwortung nach, oder verschieben sie auf die Gemeinschaft: Der Staat hat für mich zu sorgen, die Stadt soll Leute bezahlen, die den Müll beseitigen. Und außerdem kann man sich gegen alles Mögliche versichern lassen.

Aber unsere Gesellschaft kann nicht funktionieren, wenn kaum jemand Verantwortung tragen will. Wie lehrt man Verantwortung? Man muss Verantwortungsbewusstsein wohl vorleben und so den jungen Menschen zeigen, wie und wofür sie Verantwortung tragen sollen. Einfach ist das nicht, ich will ein widersprüchliches Beispiel geben: Ich stehe an einer Fußgänger-Ampel, die zeigt Rot, aber so weit ich sehen kann, dreihundert Meter in jeder Richtung, kommt kein Auto. Ich bin kein Untertanengeist, und deshalb lasse ich mich gar nicht gern von einer beschränkten Maschine dirigieren. Deshalb überquere ich die Straße bei Rot. Ich tue das, obwohl neben mir eine Mutter mit einem vierjährigen Kind steht, die mich anschreit: "Sie verantwortungsloser Mensch! Wie soll mein Kind bei solchen Vorbildern lernen, bei Rot an der Ampel stehen zu bleiben?" Ich sage ihr: "Das Kind muss die Aufgabe der Ampel kennen und akzeptieren, nämlich dass sie ihm bei Verkehr einen sicheren Überweg ermöglicht. Wenn kein Verkehr da ist, hat die Ampel keine Funktion! Was wäre, wenn es hier gar keine Ampel gäbe? Für das Kind ist es sicherlich schwerer als für mich, die Situation richtig einzuschätzen, deshalb muss es vorsichtiger entscheiden. Aber Vorrang vor stur eingeübtem Verhalten hat das selbständige Denken. Und das wird unterdrückt durch stumpfes Einüben: Bei Rot stehen, bei Grün gehen. Langfristig ist das schädlich." In Spanien wäre dieses Beispiel überflüssig, denn dort gehen alle bei Fußgänger-Rot über die Straße, wenn keine Autos kommen. Dort ist klar: Die Ampel hilft Dir, aber sie beherrscht Dich nicht! Sie ist Dein Freund und Beschützer, nicht Dein Herr und Chef.

Ganz generell ist es heute problematisch, andere Menschen durch vorbildliches Verhalten zur Nachahmung anregen zu wollen. Natürlich wird nachgeahmt, aber in unserer Zeit hat der laute Angeber, der brutale Egoist dabei viel mehr Erfolg als der Stille. Durch das Fernsehen gibt es ein Überangebot an verlockenden Vorbildern. Wenn ich rücksichtsvoll, nachgiebig oder großzügig bin, denken viele von mir, ich sei zu dumm oder zu feige, um meinen Vorteil zu ergreifen.

Religion und Moral

Während ich so über mich und mein Denken schreibe, öffnen sich viele weitere Fragen. Was hat das Gutsein mit Religion zu tun? Ich brauche keine Religion um mich verantwortungsvoll zu benehmen und damit "gut" zu sein, aber die anderen? Für viele religiöse Menschen ist moralisches Handeln und Religion eng verwoben. Das Christentum predigt immerhin die Idee der Nächstenliebe - im Kleinen, hat aber im Großen selten genug danach gehandelt. Erinnern wir uns an die Kreuzzüge, an die teils blutigen Zwangsmissionierungen der Urvölker, an die Hexenverbrennungen und die Ketzerjagd, an die christlichen Religionskriege. Dazu kommt, dass nicht nur das "Liebe Deine Feinde" gepredigt wird. Vielmehr heißt es auch "Auge um Auge, Zahn um Zahn" im alten Testament. Und das ist nicht immer so leicht zu dosieren, deshalb haust Du besser ein bisschen stärker drauf. Trotzdem scheint mir heute das Christentum eine der am wenigsten aggressiven Religionen zu sein, einfach weil es alt geworden ist. Man kann auch sagen, es ist gereift. Das gilt nicht für die bibeltreuen christlichen Fanatiker, aber die werden heute eher belächelt.

Einer meiner besten Freunde war ein Theologieprofessor, mit dem ich gern und viel stritt - ich der Wissenschaftler auf der Suche nach einem Weltbild, und er mit seinem festen Glauben. Mit ihm bereiste ich den nahen Osten auf den Spuren des Apostels Paulus. Seine Versuche, das (protestantische) Christentum mit der Rationalität (des Wissenschaftlers) zu versöhnen, gaben mir den Eindruck, dass am Ende von seiner Religion nicht viel blieb, nichts Fassbares, nur das "Transzendente" als vages Versprechen: Ihm als gläubigen Menschen würde am Ende seines Lebens Gott alle tiefen Zusammenhänge offenbaren, ich dagegen würde als Nichtgläubiger mit meinem Tod in ein schwarzes Loch fallen. Für ihn war das ein wesentlicher Unterschied. Aber seine Versuche, Glauben und Rationalität zu versöhnen, funktionieren nicht wirklich. Die Gläubigen wollen das nicht. Für sie ist Rationalität kalt und abstoßend, und selbständiges Denken ist für einfache Gemüter eine Belastung, der viele gern ausweichen. Im Gegensatz zum Protestantismus hält sich die katholische Kirche durch Wunderglauben, Weihrauch, Firlefanz und Riten sowie Heiligsprechungen ausreichend weit entfernt von der Rationalität. Behält sie deshalb ihre Anziehungskraft, während sich protestantische Christen immer öfter fragen, warum soll ich in die Kirche gehen? Fehlt ihnen das Irrationale, der Weihrauch, das Mystische, das Unerklärliche? So einfach kann es nicht sein.

Mein Freund fehlt mir sehr, um im Diskurs die Ideen auf den Prüfstand zu setzen. Jedenfalls erkenne ich deutlich, dass Religion und Glaube nicht unbedingt einen Menschen "gut" sein lassen. Damit bin ich wieder in der Nähe der eingangs gestellten Frage.

Warum glauben so viele Menschen an Gott?

Seit meiner Studienzeit, seit ich selbst den Glauben überwunden habe, fasziniert mich das Rätsel: Was treibt die Menschen zu den Religionen? Es ist immerhin ein freiwilliger Verzicht auf eigenständiges kritisches Denken in einem Segment des Daseins. Ist es die Angst vor Strafe hier oder "drüben"? Ist es das Heilsversprechen im Jenseits? Warum haben zum Beispiel "böse" aggressive islamistische Sekten so eine erstaunliche Anziehungskraft auf junge Menschen? Warum lassen sich manche so leicht radikalisieren? Wenn Du genügend viele Ungläubige erschlägst, warten die Huris im Paradies auf Dich. Dieses Versprechen reicht doch nicht!

Ist es Bequemlichkeit, das von Kindesbeinen an Gelernte einfach weiter zu betreiben? Vor einem Jahr besuchte ich meine Lieblingscousine und fragte sie, warum ihr der Glaube so wichtig sei. Ihre Antwort "Es ist einfach dumm, nicht an Gott zu glauben!" erschreckte mich zutiefst. Ich kann und will keinesfalls einfach dagegen setzen: "Es ist dumm, an einen irrationalen Gott zu glauben." Ein wenig tiefsinniger wäre schon der Hinweis, dass jede Religion über sich behauptet, sie sei die einzig wahre und richtige, und folglich seien alle anderen Glaubensrichtungen falsch.

Hier ist es nötig, sich klar zu machen, wie Glaube zur Religion wird: Ein Glaube hat einen Kern, den man rational nicht in Frage stellen darf - man "glaubt" ihn. Die Religion "organisiert" den Glauben, sie legt den Standard fest, so dass nicht jeder Gläubige ein klein wenig anders glauben kann. Der Glaube wird als Glaubensgemeinschaft stabilisiert. Dazu werden Religionsführer benötigt, heilige Bücher und Glaubensinterpreten. Weiter benötigt man dafür Geld, und so entwickeln die Führer Methoden, sich das Geld von den Gläubigen zu beschaffen, mit dem sie die Organisation aufrecht erhalten und stärken - und Macht ausüben. Ihre Macht bauen Religionsführer aus, indem sie Verhaltensregeln für die Gläubigen aufstellen und überwachen: Beten, Gottesdienste besuchen, Kopftuch tragen, fasten. Der Gläubige muss zeigen, dass er glaubt! Auch Denkverbote sind sehr wichtig und müssen kontrolliert werden. Natürlich gibt es auch die moralischen Verhaltensregeln, die das Zusammenleben in der Gemeinschaft ermöglichen und erleichtern sollen - wenn sich möglichst alle daran halten.

Rationale Analyse des Glaubens ist unzulässig. Da jede Religion nur sich selbst zur einzig wahren erklärt, sind jeweils alle anderen Religionen Irrtümer. Was macht man mit den Andersgläubigen und den Ungläubigen? Man kann sie bestenfalls bedauernd tolerieren, betrügen oder bekehren, oder schlimmstenfalls mit einem heiligen Krieg überziehen. Dabei sind die großen Religionen noch harmlos, es sind die extremen Sekten, die sich zur Gefahr entwickeln.

Als Kind übernahm ich die Ansicht, dass im Christentum das Gutsein ein Muss ist. Jesus hatte es gepredigt, und Gott würde uns nach dem Tod bestrafen, wenn wir böse sind. Eine Belohnung für das Gutsein wird auch versprochen, aber man kriegt sie nicht so ohne Weiteres, wie die Erfahrung lehrt. Meine Mutter erklärte mir als Kind oft: "Hilf Dir selbst, dann hilft Dir Gott." Damit fingen meine Religionszweifel und mein eigenes Nachdenken an. Früh schon versuchte ich zu ergründen, was ist nicht nur für mich, sondern für uns als Familie und für alle im Dorf am besten? Damit war ich nicht so weit weg von Kants Imperativ (ohne ihn zu kennen): Handle stets so, dass Dein Handeln Richtschnur für alle sein könnte. Heute weiß ich, dass Kant auch sagte: Der Glaube sei eine moralische Notwendigkeit. Ich verstehe das so, dass er den einfachen Menschen nicht zutraute, ohne Glauben "gut" zu sein, also zum Wohle aller zu handeln. Nach dieser Vorstellung gäbe die (christliche) Religion hilfreiche Verhaltensrichtlinien, ohne die eine Gemeinschaft nicht funktionieren könnte. Ich sehe das heute etwas anders. Ganz generell scheint mir bei den Pflichten der Gläubigen die Unterstützung und Verteidigung der Religion und ihrer Führer immer vorn zu stehen, während das moralische Verhalten - falls es überhaupt noch gepredigt wird - immer in die zweiten Reihe rückt.

Verhaltenspsychologen und Evolutionsbiologen geben eine einfache Antwort auf meine Frage, warum so viele Menschen an Gott glauben: Der Mensch als Art konnte in Urzeit, Steinzeit und Eiszeit nur überleben, indem sich die Individuen zu kooperierenden Horden zusammenschlossen. Eine Unterordnung des Einzelnen unter die Erfordernisse der Gruppe ist da erstes Gebot. So lernten die Menschen angeblich, Obrigkeiten zu akzeptieren und sich Regeln zu unterwerfen. Auf der Suche nach Autoritäten dachten sich dann einige als "höhere" Instanzen Götter aus, auf die sich der Hordenführer berufen konnte. Dieser Wunsch nach einer Autorität, die alles besser weiß, besonders wenn wir etwas nicht verstehen, die uns sagt, was wir tun sollen, wenn wir unsicher sind, dies steckt angeblich in unseren Genen als Suche nach Gott. Doch ich bin fest überzeugt, dass sich ein autonomer Denker über die Empfehlungen seiner Gene hinwegsetzen kann.

Auch heute noch behaupten manche Hordenführer, im Auftrag Gottes zu handeln. Im Juni 2018 erklärte US-Justizminister Jeff Sessions: "Illegal in die USA zu kommen, ist ein Verbrechen. In der Bibel Römer 13 heißt es, man solle die Gesetze der Regierung achten, weil Gott die Regierung zu seinem Zweck eingesetzt hat." Damit rechtfertigte er, dass allein in den letzten 6 Wochen über 2000 Kinder (auch Babys) illegaler Einwanderer von ihren Eltern getrennt wurden, dauerhaft und zwangsweise zur Abschreckung anderer. Die Eltern werden kriminalisiert und ins Gefängnis gesteckt, die Kinder in Heime. Auch in den USA halten viele Religiöse, sogar Melania Trump, dieses Vorgehen für "böse", aber das rührt die Regierenden kaum.

Die neue Zeit

Nein, die Wissenschaft, die Rationalität hat noch nicht gewonnen. Immer noch werden viele, besonders einfachere Gemüter, von der Mystik angezogen. Dennoch: die Religionen haben es viel schwerer als früher. Als Ersatz für sie gibt es die scheinrationalen Ideologien, allen voran die Rechten und die Linken. Und alle benutzen sie heute das "world wide web" als Werkzeug: Mit ihm können Gleichgesinnte verbunden und geschaffen und bei der Stange gehalten werden, denn das Web ermöglicht "Resonanzräume": Du wanderst durch das Web, in dem sich viele Ansichten tummeln, und plötzlich findest Du eine Bemerkung, die Dich anspricht. Dort bohrst Du weiter und wirst bald bestärkt in dem, was Du denkst und glaubst. Dort liest Du, was dir passt und täglich kannst Du Dich in Deinen Ansichten bestärken lassen. Andere Meinungen sind Lügen. Du hast Deinen passenden Resonanzraum gefunden. Ohne es zu spüren gibst Du Dein autonomes Denken auf und wirst Teil einer ideologischen Gruppe, die Dich immer weiter in ihre Richtung verführt. Du brauchst keinen Gott mehr, denn die Ideologie wird Ersatz für Gott. Sie nimmt Dir Unsicherheit und sagt, was Du tun und denken sollst, Du fühlst Dich wohl als Teil der parallel denkenden Gruppe.

Das rechte Credo: "Wir sind besser als die anderen!" entfaltet besondere Anziehungskraft auf alle, die sich irgendwie zurückgesetzt oder minderwertig fühlen. Es klingt doch verlockend, denn es verspricht Dir: Auch Du bist besser als die anderen, wenn Du zu uns gehörst! Und schnell bist Du überzeugt: Den anderen musst Du nicht helfen, sie taugen nichts, hasse sie, verjage sie, sie nehmen Dir sonst nur weg, was Du besitzt. Wer nicht ganz so primitiv ist, folgt vielleicht lieber dem linken Credo: "Wir sind alle gleich!" Da das offensichtlich nicht stimmt, muss man eben alle gleich machen. Als ersten Schritt dazu sollte man den Reichen ihren Reichtum wegnehmen und umverteilen. Dabei kann man sich auch noch als Weltverbesserer fühlen.

Heute erhalten die jungen Leute ihr Seelenheil über das Smartphone. Off line zu sein ist die Hölle. Warum sollten sie irgendwelche Gebote befolgen und Gutes tun? Ohne Web wissen sie nichts, wollen nichts wissen und brauchen nichts zu wissen. Erst die Freunde im Web sagen ihnen, was sie denken und tun sollen, nämlich dasselbe wie alle anderen der Resonanzgruppe. Ist das nicht furchtbar? Ist das Web der neue, allwissende Gott? Nein, noch nicht! Noch ist es so, dass es verschiedene solche Resonanzgruppen gibt, deren Mitglieder - wie in Religionen - zu gleichartigem Denken angehalten werden. Und manche extremistische Religion nutzt ja auch erfolgreich das Netz, um Anhänger zu werben, zu indoktrinieren, in fanatische Kämpfer zu verwandeln. Man könnte fast sagen: Dann schon lieber die alten Religionen. Aber die Entwicklung lässt sich nicht umkehren. Ideologien und extremistische Sekten werden eine Gefahr für die Menschheit.

Was können wir tun? Menschen sind so leicht verführbar. Ich sähe gerne einen Studiengang an der Universität "Methoden der Demagogie", nicht um sie anzuwenden, sondern um die noch frei denkenden Menschen zu warnen und zu sensibilisieren. Aber das käme wohl zu spät. Am wahrscheinlichsten scheint mir, dass die Menschheit bald in einer moderaten Denkdiktatur gehalten wird, wie sie jetzt in China vorbereitet wird. Diese Gefahr ist viel größer als die, die von Sekten ausgeht.

Wie kann man Menschen zur Mitmenschlichkeit erziehen?
Wenn ich das wüsste, würde ich darüber schreiben!

Söder-Kreuze

Sie zieren seit 1.6.2018 bayrische Ämter. Die damit verbundene Absicht ist "böse": Eine Trennlinie in unserer Gesellschaft wird zum Spalt vertieft, auf beiden Seiten wird Hass auf die Gegenseite geschürt. Das Wahlvolk soll zum Stimmvieh stabilisiert werden. Schlimm sind auch die verlogenen Rechtfertigungen.

Prophet Ringelschwanz
7.8.2017

Ich bin Alfons. Ich bin eines der etwa 800 Schweine des Bauern, der uns füttert und hütet. Nur wenige von uns haben einen Namen. Ich bekam ihn, weil die Tochter Hilde des Bauern meine Geburt vor etwa einem Jahr miterlebte. Sie besuchte mich ab und zu. Heute hatte sie Tränen in den Augen. Und als sie mir das rote Fußband entfernte, an dem sie mich erkennt, wusste ich, das morgen mein letzter Tag sein wird. Ich werde zum Schlachthof gefahren, mein Fleisch gewinnt seinen Nutzen. Es ist mein Lebenszweck, den Menschen, Gottes Engeln, zu schmecken und sie zu nähren. Ich komme dann in den Himmel der Schweine, in Gottes großen Bauernhof.

Heute rufe ich mir noch einmal ins Gedächtnis, was uns Ringelschwanz, der Prophet der Haustiere lehrt: "Seid nützlich und mehret euch, werdet fett und schmackhaft! Dann wird es euch euer Bauer, ein Engel Gottes, an nichts fehlen lassen. Durch seine Engel schenkt euch Gott einen schnellen schmerzlosen Tod im Schlachthof. Danach entfaltet euer Fleisch seinen Segen. Habt keine Angst vor dem Schlachthof, denn er gibt Eurer Existenz einen Sinn und befreit eure Seele für ein ewiges Leben in Gottes großem Bauernhof. Er ist das Paradies für euch!" So sagt Ringelschwanz, der Prophet. Er sitzt im Himmel neben dem Oberengel, der zur Rechten Gottes sitzt. Meine Mutter, eine erfolgreiche Zuchtsau, hat uns die Worte des Propheten Ringelschwanz gelehrt, und sie kennt sie von ihrer Mutter. Wer dem Propheten glaubt, kennt den Sinn des Lebens und lebt glücklich und angstfrei. Wer aber seinen Worten nicht glaubt, wird unglücklich und mager bleiben, die Angst wird sein sinnloses Dasein zerfressen. Ich glaube dem Propheten, deshalb wird morgen für mich ein Festtag sein. Auch der blonde Engel Hilde weinte Freudentränen.

Zur Beerdigung meines Nachbarn Fritz H. am 7.8.2017 redete die Pfarrerin eine halbe Stunde und erweckte in mir die Idee zu diesem Text. Christus spricht: Ich bin die Auferstehung und das Leben, wer an mich glaubt, wird leben, auch wenn er stirbt. (Joh. 11,25).

Warum glauben so viele Menschen an Gott?

16.1.10

Für den Gläubigen, für den Anhänger einer Religion oder Religionsgemeinschaft sind das keine wichtigen Fragen. An Gott glaubt er so selbstverständlich, dass er sich nicht fragt warum. Und ebenso selbstverständlich ist seine Religion die einzig Wahre, alle anderen sind irgendwelche Irrglauben, und am niedrigsten stehen die Atheisten. Ganz anders der freie Geist, der sich losgelöst hat von der Religion seiner Kindheit ohne einer anderen zu verfallen. Für ihn ist es eine schwer verständliche Tatsache, dass so viele seiner Mitmenschen auf die eine oder andere Weise an Gott glauben. Und der schiere Fakt, dass so viele Religionen existieren und alle von sich direkt oder implizit behaupten, sie seien als einzige die Richtige, lässt ihn sicher sein, Religionen können nicht "wahr" sein. Zwar besteht rein mathematisch betrachtet die theoretische Möglichkeit, dass es unter den vielen eine einzige "wahre" Religion gibt, aber angesichts der Ungereimtheiten in jedem mir bekannten Glauben schließe ich das aus. Hat man als solcher freier Geist Kinder und Enkel, die sich heranwachsend mit religiösen Menschen oder Themen konfrontiert sehen, oder liebt man einfach die Menschen, so sind diese Fragen plötzlich nicht mehr nur theoretischer Natur, sondern werden ganz drängend wichtig.

Warum glauben Menschen an Gott? Sicherlich ist es unser Gehirn, dieses wundervolle Organ, das so etwas wie Glauben ermöglicht und in gewissem Umfang sogar erzwingt. Wir Menschen haben Fantasie, Gefühle, Humor und andere Fähigkeiten, die das rationale Analysieren ergänzen. Wir planen die Zukunft und müssen dafür Zusammenhänge erkennen oder erraten. Dafür müssen wir Wichtig und Unwichtig unterscheiden, also eben nicht einfach quantitativ rechnen, sondern qualitative Schlüsse aus Beobachtungen ziehen, kühn extrapolieren und unsichere Hypothesen aufstellen und auf deren Basis Entscheidungen treffen. Wir müssen nach Möglichkeiten zur Überprüfung von Vermutungen suchen. Vor allem aber ist das Gehirn lernfähig, und besonders wichtig für alle folgenden Überlegungen ist die Fähigkeit, nicht nur aus dem eigenen Erleben zu lernen, sondern auch direkt oder indirekt von anderen Menschen. Wir können sie beobachten, oder wir können ihnen zuhören. Dazu haben wir die Sprache, diese grandiose Möglichkeit zur Kommunikation. Sie lässt uns Menschen zu einem sehr effektiven Gruppenwesen zusammenwachsen. Wir sind einerseits als Individuen zu autonomen Denken und Handeln fähig, andererseits sind fast alle Glieder von Gruppen, und immer Teil der menschlichen Gesellschaft.

Die Allermeisten können und wollen sich nicht abschotten, weil die Vorteile der Öffnung unermesslich sind. Andererseits ist jede Öffnung auch ein Einfallstor für Unerwünschtes oder zumindest Ungefragtes. Insbesondere verbreiten sich Ideen auf diese Weise von Gehirn zu Gehirn. Vieles, was wir von anderen hören, prüfen wir automatisch, vergleichen es mit unseren Vorüberzeugungen, lehnen es ab oder akzeptieren es nach erfolgreicher Prüfung und fügen es dann unserem Grundfundus an Wissen und Überzeugungen zu. Man muss nicht selbst in einen Pferdeapfel beißen, um zu wissen, dass er ungenießbar ist.

Gottesdienst - *Mai 2010*

Oma kommt aus ihrem kleinen Häuschen.
Nur für ihren Kater lebt sie!
Mit den alten Händen hebt sie
einen Topf.

In dem Topf hat sie ein fettes Mäuschen,
zwischen einigen Zutaten,
herrlich duftend, frisch gebraten,
ohne Kopf.

Mit ihm wandelt sie zur Gartenlaube.
Dort auf einem weichen Kissen,
wartend auf den Leckerbissen,
liegt das Vieh.

Rings verstreut die Reste einer Taube,
die der Fettsack gestern fraß.
Blumen prangen bunt im Glas,
welken nie.

Oma lässt sich auf die Kniee nieder,
spricht mit sorglicher Gebärde:
"Du, mein einziger Gefährte,
bis zum Tod!"

Reicht dem Tier die Maus und hebt sich wieder,
was sie nur noch mühsam schafft.
"Für Dich, mein Lieber, alle Kraft,
Du mein Gott."

Dann entfernt sie alte Reste und den Kot.

Gäbe es einen Gott ...

Gäbe es einen Gott als Lenker der Welt,
so wäre er gleichgültig und ungerecht.
Das zeigt uns ein Blick in die Welt.
Stolz würde ich diesem Gott die Stirn bieten,
schmähen und verachten würde ich ihn.
Ich weiß, ich wäre nicht der erste, der mit ihm haderte.
Ich würde ihm lästig werden wollen, bis er mich zertritt.
Aber er würde nicht mich zertreten, sondern andere:
Die Besten, die es am wenigsten verdienen,
und gerade die, die sich um andere Menschen sorgen.

Wolfgang, April 2008

Gottlose Kinder   *März 2008*

Was ich mir für meine Enkelkinder wünsche ist Resistenz gegen Ideologien und alle Sorten von Religionen und Glauben, eine Resistenz so wie ich sie habe. Ich lache selbst, wenn ich das so lese: Meine Enkel sollen sein und denken wie ich. Das gerade meine ich nicht. Vielmehr möchte ich ihnen zurufen: Zweifelt an allem, was Euch Eure Lehrer vorsetzen, auch ich! Zweifelt und denkt selbst! Und erst wenn Ihr eine Sache selbst durchdacht habt, könnt ihr sie akzeptieren oder ablehnen. Glaubt nicht! Zweifelt sogar an Euren eigenen Überlegungen, auch die können falsch sein! Zumindest muss man sie immer wieder in Frage stellen. Das ist nicht Schwäche. Um zu wachsen muss man sich täglich der Wirklichkeit stellen. Schwert und Schild sind dabei neben dem gesichertem Wissen auch Hypothesen, Annahmen und schnell gezimmerte Denkgebäude auf schwankendem Grund, die sich unter dem Druck von Erfahrungen und neuen Denkanstößen zu weiterem Wissen verfestigen, öfters aber verformen oder zusammenbrechen. Versagen sie, so liefert uns unsere gut geschulte Phantasie neue Ideen, die brauchbarer als die alten sind. So werden wir immer stärker und freier.

Religionen sind heute nur eine recht harmlose Gefahr für die Denkfreiheit. Für meine Enkelkinder geht wohl viel größere Gefahr von der Verführung zu modernen Suchtmitteln aus, insbesondere von den virtuellen Welten, die ihnen die Computer in immer perfekteren Versionen bieten werden. Diese sind die Nachfolger der Religionen mit optimierten Verführungstechniken und Heilversprechen. Wie kann ich meine Enkelkinder vor dem Abgleiten in virtuelle Welten bewahren? Glaube hilft wohl kaum gegen Sucht, man triebe den Teufel mit dem Belzebuben aus. Aber beugt die Schulung zu eigenständigem Denken wirklich vor?

Das Unglück der Welt

Dezember 2010

Keine Fiktion! Eine gute Bekannte von mir glaubt an das Unglück dieser Welt. Ohne Zusammenbruch des Bestehenden könne nichts besser werden. Sie nähert sich dem Zustand, Prophet ihres Glaubens zu werden. Dazu schreibt sie Texte und engagiert sich in Organisationen, die in der Tendenz das Unglück der Welt predigen und prophezeien, und manches lokale, temporäre Unglück zum generellen Prinzip erheben. Ich empfinde diese negative Weltsicht als schrecklich! Für meine Bekannte ist jedoch das Unglück der Welt nicht reparierbar - ein Zusammenbruch, der totale Untergang der bestehenden Ordnung und ein Neuanfang danach scheint ihr unvermeidlich. Aber sie sieht auch das Leid eines solchen Zusammenbruchs und die Unsicherheit, ob die Überlebenden tatsächlich eine bessere Zukunft erwartet.

Ein Glaube ist ein einfaches oder auch komplexes Weltbild, das nicht leicht zu falsifizieren ist. Er ist Privatsache und so lange überwiegend ungefährlich, solange er nicht zur Religion wird, das heißt, sich quasi autokatalytisch von Gehirn zu Gehirn ausbreitet und schließlich einen organisierten Überbau erhält, der die Gläubigen bestärkt und fesselt. Ein Glaube verhindert zudem im Gläubigen selektiv kritisches Denken bezüglich seines Glaubens. Er kann ihn fast nicht eigenständig in Frage stellen, nur mit sehr großer Denkautonomie.

Widerlegen ließe sich der Glaube an die Unmöglichkeit der Weltverbesserung nur, indem man sie verbessert. Bis dahin bleibt der Glaube aber nicht widerlegt. Bei diesem Gedanken ist mir jedoch schon ein entscheidender Fehler unterlaufen: Ich bin dem Glauben auf den Leim gegangen, indem ich seine Prämisse akzeptiert habe, nämlich dass die Welt tatsächlich unglücklich ist! Ich wollte nur den zweiten Teil widerlegen, die Unbeseitigbarkeit des Unglücks der Welt. Vor einer solchen pessimistischen Weltsicht kann ich mich schützen, indem ich auch das Glück in der Welt sehe! Ich muss es gar nicht mühevoll suchen. Jedem, der sich am Leben freut, ist offensichtlich: Unsere Welt enthält beides, Glück und Unglück, nicht immer im ausgewogenen Verhältnis, aber immerhin. Auf meinen vielen Reisen fand ich stets neben Unglück und Armut auch Glück und Fröhlichkeit, besonders auch in armen Ländern wie Indien, Kambodscha, Bolivien, Namibia, Tibet und vielen anderen.

Der Glaube muss einem Gläubigen etwas geben, sonst würde er sich nicht so in sein Hirn fressen können. Was ist es, das der Unglücksweltglaube seinen Gläubigen schenkt? Ein Ungläubiger kann das nur erahnen. Ich denke, von Vorteil ist die Einfachheit, mit der sich komplexe Vorgänge in der Welt erklären lassen, und auch die Entschuldigung, dass alle eigenen Versuche, die Welt zu verbessern, nichts gefruchtet haben, oder auch eine Entschuldigung für Resignation und Nichtstun. Denn es kann ja gar nicht sein, dass sich das Unglück der Welt verringern ließe. Man müsste schon wissentlich für den Zusammenbruch agieren, aber wer würde das wollen?

Angst vor dem Islam?

La Palma, 16. 1. 2015

Angst ist eine subjektive Sache, und die Frage muss am Ende jeder für sich selbst beantworten. Auch muss man bei der „Angst" unterscheiden: Ist es die Angst der selbständig denkenden Menschen vor Denkverboten und Denkwächtern, oder ist die Angst der Unsicheren vor allem Fremden, vor allem was sie nicht verstehen. Diese zweite Sorte Angst ist es, die viele Menschen in Deutschland vor dem Islam empfinden mögen, obwohl die erste auch berechtigt sein mag. Gegen beide Ängste hilft Aufklärung auf verschiedenen Seiten.

Ich selbst bin ein nicht-religiöser Mensch, der die Religionen von außen sieht und vergleicht. Alle sind in meinen Augen menschliche Denkgebäude, zwar Jahrtausende alt, aber eben doch menschlich. Und alle haben den gleichen Anspruch, nämlich als einzige „wahr" zu sein, und die anderen sind dann jeweils falsch. Alle begründen ihre einzigartige Wahrheit damit, dass Gott oder Allah oder Buddha ein unanfechtbares Buch diktiert hat. Dieser Anspruch jeder Religion, allein wahr zu sein, ist Grund genug, sie sehr skeptisch zu sehen. Schlimmer noch, die großen Religionen sind in Richtungen und Sekten aufgespalten, von denen auch jede behauptet, allein zu wissen was richtig ist und was falsch. Trotzdem bin ich nicht grundsätzlich gegen Religionen eingestellt. Für mich als selbständigen und kritischen Denker taugen sie nichts, aber ich erkenne an, dass viele Menschen einen Glauben benötigen oder glauben, ihn zu benötigen. Und viele finden ihr Glück im Glauben. Sollen sie! Die meisten wurden in eine Religion hinein geboren und sind zu unsicher, um das zu hinterfragen, was offenbar schon für die Urgroßeltern gut war.

Doch zurück zur Angst: Die Religionen und ihre Sekten unterscheiden sich insbesondere in ihren Aussagen, wie mit Menschen zu verfahren ist, die ihnen nicht angehören und die etwas anderes glauben. Da reicht das Spektrum vom Heiligen Krieg mit Kopf ab bis zu Liebe Deine Feinde. An diesem Umgang mit Andersgläubigen sollte man unterscheiden, ob man eine Religion oder Sekte mehr oder weniger erträglich findet oder fürchten muss.

Blickt man auf die Geschichte zurück, so gab es früher durchaus gute Gründe für Muslime, vor dem Christentum der Kreuzfahrerzeit Angst zu entwickeln. Ebenso mussten Andersdenkende - genannt Ketzer - in der Zeit der Inquisition die Verbrennung, Vierteilung oder Pfählung fürchten, und es waren auch Christen, die sagten: Nur ein toter Indianer ist ein guter Indianer. Aber ich hoffe, das ist wirklich Geschichte, denn das Christentum hat mit der Reformation und in der Zeit der Aufklärung einen riesigen Entwicklungsschritt zur Toleranz vollzogen. Das ging einher mit dem Prinzip der Exegese, der Auslegung. Die Bibel wurde nicht mehr wörtlich verstanden, sondern es wurde nach dem Sinn gesucht, nach dem was bleibt, wenn man die Bedingungen der Zeit, in der die Texte entstanden, berücksichtigt. Nur noch ein paar „Evangelikale" in den USA entwerten die Bibel, indem sie sie weiterhin wörtlich nehmen und zum Beispiel die Evolution aufhalten wollen, indem sie sie aus dem Schulunterricht verbannen.

Ich wage zu behaupten, dass im Gegensatz zum Christentum der Islam zum überwiegenden Teil noch nicht in der (westlichen) Neuzeit angekommen ist, in der Meinungspluralismus und Toleranz herrschen sollten. Warum denke ich das? Weil in praktisch allen Strömungen des Islam, nicht nur in den extremen, der Koran weiterhin wörtlich genommen werden soll. Ich kenne den Koran nur oberflächlich, aber habe genug darin gelesen, um mir eine Meinung zu bilden. Wenn man ihn wirklich wörtlich nimmt, dann findet man sehr mittelalterlich klingende Stellen und Verse, in denen Intoleranz gegen Andersgläubige verlangt wird. Im Koran stehen Dinge wie, man soll keine ungläubigen Freunde haben. Auch die Stellen, aus denen die Scharia abgeleitet wird, sind definitiv nicht mit unserem modernen Rechtsempfinden vereinbar. Ich habe für mich eine kleine Liste mit Zitaten gesammelt, die diese Behauptung untermauern. Der wörtlich genommen Koran kann auch nichts zu den drängenden Problemen der Neuzeit sagen, zu Atombomben, Gentechnik und Internetkriminalität, während der Christ, der die Bibel dem Sinn nach und nicht dem bloßen Wort nach verstehen will, durchaus etwas sagen könnte: Bewahrung der Schöpfung, Nächstenliebe usw. Ich meine, dem Islam fehlt schlichtweg die Periode der „Aufklärung", die das Christentum einigen Jahrhunderten schmerzlich durchstanden hat. Deshalb bleibe ich dabei, er steht im Konflikt mit unserer denktoleranten Neuzeit. Den Einwand, dass Denktoleranz auch in China und Russland nicht gelten, muss ich gelten lassen, aber das spricht ja nicht zu Gunsten des Islam, der in diesen Ländern definitiv einen schwereren Stand hat, als in der westlichen Welt, die auf das Prinzip Religionsfreiheit so stolz ist. Und außerdem, ein Staat, in dem der Islam Staatsreligion ist und der Koran wörtlich gilt, kann kaum Religionsfreiheit zulassen. Nur eben so ein bisschen als Feigenblatt.

Trotzdem gibt es schon den Islam der Neuzeit, nämlich bei uns in Deutschland und in Europa. Viele Muslime in Deutschland leben ihn, aber bei weitem nicht alle. Andere Muslime in Deutschland sind konservativer als die Menschen in ihren Heimatländern. So ist es eben unter dem Druck der Andersdenkenden in der Diaspora. Aber diejenigen Muslime, die unsere Welt der Denkfreiheit akzeptieren und sich dazu rechnen. interpretieren ihre Religion ohne ernste Probleme in einer Weise, dass sie in Übereinstimmung und Frieden mit dem Grundgesetz und mit uns, ihren nichtmuslimischen Mitmenschen, leben können. Sie kleben nicht am Wort, sondern suchen nach dem Sinn und finden auch im Koran Ratschläge, wie das Zusammenleben unterschiedlicher Religionen friedlich gestaltet werden kann. Die Religion könnte sich bei uns durchaus an die Neuzeit anpassen.

Aber! Hätte dieser bei uns entstehende Islam der Neuzeit eine Chance, sich in die islamischen Länder auszubreiten? Es wäre zu viel Optimismus, das in absehbarer Zeit zu erwarten. Solange Menschen für die Äußerung einer eigenen Meinung in Saudi-Arabien ausgepeitscht, im Iran für Ehebruch gesteinigt werden, für Mohamed-Karikaturen in Pakistan vom Mob gelyncht werden, solange „Abfall vom Glauben" todeswürdig ist, und die Liste ließe sich verlängern, solange hat ein aufgeklärter Islam außerhalb Europas keine Chance. Er ist ja auch nicht organisiert sondern wird von aufgeklärten Individuen getragen. Oder noch krasser gesagt: Auch wenn man die extremen Auslegungen des Islam wie Al Kaida, Boko Haram, IS u.a. wegen ihres offenen Terrorismus deutlich vom „normalen" Islam abgrenzt - solange in diesem die Pflicht besteht, den Koran wörtlich zu nehmen, ist der Abstand zu den Extremen einfach nicht groß genug, um sagen zu können, der Terror im Namen des Islam durch die genannten Gruppen habe gar nichts mit dem Islam zu tun.

Unsere angepassten islamischen Mit-Deutschen dürfen wir angstfrei willkommen heißen. Aber der Islam in den Ländern, in denen er Staatsreligion ist, müsste sich ändern und reformieren. Das wird auch irgendwann geschehen, denn wie wir sehen, sind durch innerislamische Kämpfe die Muslime die Hauptleidtragenden des Konfliktes zwischen Islam und Neuzeit, den wegzureden sinnlos wäre. Auch unter den islamistischen Anschlägen bei uns leiden am meisten unsere Muslime. Sie spüren den wachsenden Hass der verführbaren Minderheit unter uns Deutschen. Und es gibt sie leider, die verführenden Demagogen. Also Aufklärung! Eine Periode der „Aufklärung" im Islam, und Aufklärung unserer schlecht informierten und ängstlichen Mitbürger!

Anmerkung am 25.6.2018:
Erdogan gewinnt die Wahl. In Deutschland erhielt er
65% der abgegebenen Stimmen. Ein Rückschlag für
meine Hoffnung auf einen modernen Islam bei uns!

Gedichte von meinen Reisen

und eine Erzählung

Silberberg - cerro rico

Bolivien 2008
Potosi - Besuch im Berg

Niemand fühlt es, nur ich.
Niemand sieht es, nur ich.
Acht Millionen Schatten durchstreifen den Berg.
Acht Millionen Menschen verschlang er,
der Unersättliche.
Und gab dafür sein Silber,
damit sich noch weit mehr
als acht Millionen darum erschlagen.
Machtlos folgen die Schatten
den Lebenden im Berg.
Sie starben nach einem kurzen Leben
ohne Hoffnung,
sie starben gequält,
sie starben verachtet.
Vergebens war ihr Warten auf himmlische Erlösung.

> Gäbe es einen Gott, der die Welt lenkt,
> es wäre ein zynischer Gott,
> ein ungerechter oder gleichgültiger.
> Stolz würde ich ihn schmähen!
> Ich würde ihm lästig werden wollen
> bis er mich zertritt.
> Aber er würde nicht mich zertreten,
> sondern Unschuldige,
> wie die acht Millionen im Berg.

Die Ruinen von Pisac *Peru, Juni 2010*

Der Sonnengott hat viel zu tun,
nicht mal bei Regen kann er ruhen.
Doch dort im Urubamba-Tal
da regnet es nur selten mal.

Nun fragst Du mich, was er so macht:
Zunächst mal macht er Tag und Nacht,
dann macht er auch noch Sommer-Winter.
Und von Zeit zu Zeit da spinnt er.

Dann sendet er uns Wasserfluten,
sehr weit jenseits alles Guten,
Ernte, Häuser, Brücken, alles
wird Opfer seines Flutenschwalles.

Oder aber große Glut
trocknet in den Adern Blut,
und im Flimmern sieht man bloß
Urubamba wasserlos.

Ich brauche Dir nicht zu erzählen,
wie sich da die Menschen quälen.
wie die Menschen denken dann,
ob man Götter lenken kann.

Man kann dem Sonnengott nicht fluchen,
aber man kann mal versuchen,
ob er sich erweichen lässt,
durch Bitten zu erreichen ist.

Einfach wird das sicher nicht.
Einer, der am Boden kriecht,
erreicht bei einem Gott nicht viel.
So ein Gott macht, was er will.

Unten sind die Menschen Zwerge.
Oben auf dem hohen Berge
können sie den Tempel bauen,
fein vom Himmel anzuschauen.

Dann braucht man noch den Oberpriester.
Was zu sagen ist, das gießt der
eindrucksvoll in Wörterschlangen,
die an Gottes Ohr gelangen.

Doch was nützt das? Kann man's wissen?
Man wird's wohl probieren müssen!
Vielleicht kommt weiter Flut und Glut,
vielleicht wird aber alles gut.

Vielleicht wird aber alles schlecht.
Auch dann hat wohl der Priester recht,
sagend: "Schluss mit dem Gewimmer,
ohne Tempel wär's noch schlimmer!"

Weiter ging's so Jahr für Jahr,
von denen jedes anders war.
Endlich dachten viele still:
der Sonnengott macht was er will.

Der Priester wird nicht mehr bezahlt,
die Tempelmauern werden alt.
Heut sitz ich hier auf den Ruinen,
von der Sonne warm beschienen.

Den Aufstieg hab ich selbst geschafft.
Die Götter ziehen ihre Kraft
allein aus der Gebete Hauch.
Prometheus sagt's, ich denk es auch.

Inkas Leiden   *Peru - Cusco, März 2008*

Fertig ist die neue Mauer.
Dennoch ist der Inka sauer,
ihm geht's heute wirklich mies.
Eingehüllt in eine Decke
Hockt er in des Thrones Ecke.
Der Heiler, den er holen ließ,
kommt verdammt zu spät.
Endlich tritt er vor den Thron,
in der Hand das Heilgerät.
Der Heiler hatte keine Eile,
denn er kennt seit einer Weile
des alten Inkas Fresssucht schon.
Brav steckt er den grünen Stein
in den Inkapopo rein.
Und mit gelblich rotem Heilrauch
schafft er Linderung dem Blähbauch.
Der Inka denkt: "Den schlachte ich
beim nächsten Sonnenfest!"
Der Heiler denkt: "Dem gebe ich
demnächst mit Ysoq-Gift den Rest."
Gott Inti fall'n zur Sonnenwende
zwei schwarze Seelen in die Hände.

Wiedergeburt

Myanmar 2013

Unter Ayeyarwadis braunen Fluten
kann man fette Fische nur vermuten.
Dennoch weiß man, dass sie zu Millionen
in der schmutzig braunen Brühe wohnen.
Und sie schwimmen brav wie Buddhas Lämmer
- gut besonders früh im Morgendämmer -
Ayeyarwadi-Fischern in die Netze.

Ja, so sind sie eben die Gesetze,
   nach denen Leben untrennbar mit Leiden
   verbunden ist und Tod nicht zu vermeiden.
   Doch hat der Fisch, der auf dem Teller liegt,
   den Trost, dass er ein neues Leben kriegt,
   vielleicht als Reiher oder auch als krummer Egel,
   vielleicht als Bettelmönch (wenn er gut schmeckt)
     - so ist die Regel.

Der Fluss **Ayeyarwadi** *wird englisch Irawadi*
geschrieben und entsprechend ausgesprochen.

Der Goldene Schein

Golden spiegelt sich im Wasser
die Pagode, und dahinter
über Bergen, grau und wild,
steigt der Mond

um ein bis zwei Nuancen blasser,
als das goldne Spiegelbild.
Schein ist Täuschung, oft gewinnt er.
Doch der Mond

ist echt. Dagegen goldne Spitzen
blättern, werden stumpf und älter.
Dauernd muss man sie erneuern.
Im Gammelschrein

mag kein goldner Buddha sitzen,
wollen Mönche nicht mehr feiern.
Darum wirf in die Behälter
Deinen Schein!

Myanmar 2013

Moses Tod   *1987 am Berg Nabo, Jordanien*

Moses fühlt sich heute nicht besonders gut.
Das Alter quält, die Gicht zwackt sehr, und trotzdem hätte
Moses gerne noch ein kleines halbes Dutzend
Jährchen seinem langen Leben angehängt.
Moses sitzt allein in seinem Zelt und grübelt,
einen Ausweg sieht er nicht. Der Gott, den Moses
liebt und fürchtet und sogar ein wenig hasst,
hat ihm in der vergang'nen Woche klargemacht:
"Steige auf den Nabo, sieh hinab und stirb!"
Das war ein harter Brocken, unverdaulich, bitter.
Unausweichlich kommt es so.
Doch wann es so weit sein wird,
kann er selbst bestimmen. Kann er das?

Der alte Tor! Er hat die Frist bereits verspielt und weiß es.
Schwatzhaft war er, schwatzhaft war auch Anna,
diese schwarzbeäugte, blühend junge Anna,
lockend lachend dieses Schmeichelwesen,
dessen Nähe ihm die alten Knochen jucken lässt!
Ihr hat er als alter Pfau von Gottes neustem Wunsch erzählt,
nun weiß es Israel, das Volk,
und steht vor seinem Zelt und wartet, schweigend noch.
Noch wartet es, bald wird es fordern,
wird ihn drängen, Gottes Spruch zu folgen.
Den alten zorn'gen mächt'gen Mann,
die Jungen woll'n ihn endlich weichen sehen!

Zornig? Zornig war er nicht sehr oft zuletzt,
nur müde. Ein letztes Mal gab ihm der Zorn Gewalt
vor wenig Wochen, als das Volk nach Wasser schrie,

und er, der Alte, wütend seinen Stab zu Boden warf
und brüllte: "Sucht!" Sie suchten auch, die jungen Männer,
und fanden eine Quelle bald, um die noch jetzt
die Zelte wirr sich scharen.
Moses sieht die Schwäche seiner Hand,
die früher mächtig Ordnung schaffte.

Sie werden kommen, diese Jungen, ungeduldig
werden sie den wehrlos Alten auf die Sänfte packen
und hinauf auf diesen Nabo schleppen.
Falsche Lobgesänge werden sie ihm singen.
Moses sieht und fürchtet jenen Augenblick,
an dem sie ihn allein, allein mit seinem Gott
am Bergesgipfel lassen,
schaudernd niederschauend auf den Jordan,
schmachtend, mit gebrochnem Stolz.
Moses, viel zu alt den Weg zurück zu gehen,
wird als Jammerbündel seinen Gott anflehen:
Lass mich leben, ein paar Wochen, ein paar Tage.
Und sein Gott, er kennt ihn sehr genau,
in seiner Großmut wird er sagen: "Moses,
wiederum vergeb' Ich dir die Schwäche
deines schwachen Glaubens.
Weil Ich übergroße Liebe deinem Volk
und dir entgegen bringe, will ich dir versprechen:
Niemand soll die Schande deiner letzten Stunde
je erfahren. Endlich leg' dich hin und stirb!"

So wird er sprechen, Moses weiß es.
Längst vertan hat er die letzte Chance,
den Zeitpunkt selbst zu wählen.
Draußen schmücken schon die Weiber seine Sänfte.

Der Undrache Zack-Zack!

ein Buschmann-Gott

für Katarina zum 7. Geburtstag im Januar 2010
von Opa Wolfgang

Ich hatte schon einen langen Aufstieg hinter mir, es war heiß, aber ich war fröhlich, einerseits, weil ich es bald geschafft haben würde, und andererseits weil mir diese wunderbare fremde, afrikanische Landschaft sehr gut gefiel. Sie berührte warm mein Herz. Ja, richtig ins Schwitzen gekommen war ich auch, denn die Sonne brannte heiß vom Himmel. Es war nicht mehr weit bis zur Spitze des Vulkans Brukkarios in Namibia. Wenige Wanderer verirren sich hier her, denn es gibt keinen ausgetretenen Wanderweg, man muss schon ein bisschen verrückt sein und sich selbst eine Aufstiegsroute durch Gestrüpp und über steile Steinhänge suchen. Der Vulkan ragt mehr als 1000 Meter über die Hochebene 200 km südlich von Windhouk. Viele leuchtend rote und gelbe Aschehänge wechseln mit steilen schwarzblauen Lavafelsen. Dazwischen stehen immer wieder seltsame Bäume der südafrikanischen

Wüste, wie die berühmten hohlen Köcherbäume, aus denen die Buschmänner die Köcher für ihre Pfeile basteln.

Was sind Buschmänner, fragst Du? Eigentlich sollte man Buschleute sagen, weil es ja auch Frauen gibt. Sie sind viel kleiner als normale Menschen und leben in der Wüste und sind da die Ureinwohner. Sie trinken wenig. Zum Beispiel leert einer ein Strau-ßen-Ei durch ein kleines Loch und füllt es dann mit Wasser und vergräbt es in der Wüste. Immer wenn er dort vorbeikommt, nimmt er ein kleines Schlück-chen. Das reicht 2 Monate. Die Buschleute haben viele Falten am Bauch, damit der sich so richtig auf-blähen kann, wenn sie einmal viel zu essen haben. Danach können sie dann drei Wochen hungern. Sie sind hervorragende Fährtenleser. Sie können einer Fährte folgen, auch wenn wir normalen Menschen sie gar nicht sehen oder Hunde sie nicht mehr riechen können. Selbst nennen sie sich !Xan, und leben in Gruppen, die heißen G//ana, G/wi, !xo, !Xukwe und Hei//kom und andere. Dabei stehen ! und / für Knack-, Grunz-, Zisch-, Schnalz- und Pfeiflaute, die kein Europäer aussprechen kann. Es gibt natürlich auch keine Buchstaben für diese Laute. Leider kön-nen wir deshalb ihre Sprache nicht lernen.

Nun aber zurück zu meiner Wanderung. Gerade überquerte ich den letzten steilen Kamm vor dem Krater am Gipfel des Vulkans, als ich eine ölige Stimme hörte:

"Da kommt mein Frühstück, Zack-Zack!" Nun bin ich ja schon allerhand gewohnt und habe viel erlebt auf meinen Reisen, aber Frühstück sollte ich noch nirgends werden! Mutig unterdrückte ich meinen ersten Schrecken und blieb ganz ruhig. Nur 20 Meter von mir entfernt schob sich etwas Unförmiges aus einer Höhle im schwarzen Lavagestein, ein rot-gelb gemustertes Ungetüm kam näher. Rot und gelb, das passte hervorragend zu den Vulkanaschen ringsum am Krater. Das Wesen hatte ein riesiges Maul mit Mahlzähnen, einen aufgeblähten Bauch und einen Schwanz, der eher an das Rad eines Pfaus erinnerte, als an einen „richtigen" Schwanz, wie er an Kühen hinten oder Elefanten vorn hängt oder hinter Krokodilen herschleift. Es war ungefähr 10 Meter lang und höher als ein Elefant. Vier kräftige aber kurze Beine mit langen, fingerartigen Fortsätzen hoben den fetten Körper nur wenig über den Boden. Außerdem hingen an den Seiten des Bauches lächerliche Flügelchen, die eher an blaugelbe Taschentücher erinnerten als an die mächtigen Schwingen der europäischen Drachen, mit denen die Ritter im Mittelalter kämpften. Leider haben diese durch ihre ungeheuere Tapferkeit die wunderbaren Geschöpfe unwiederbringlich ausgerottet.

Bild von Katharina

Ich beschloss, dem Untier frech entgegen zu gehen. „Du bist aber eine komische Karikatur eines Drachens!" sagte ich lachend, obwohl mir gar nicht zum Lachen zumute war und mir vor Angst die Beine zitterten. „Deine Mahlzähne sehen nicht so aus, als ob Du ein Fleischfresser wärst, eher ein Kornmahler. Und außerdem verwundere ich mich sehr darüber, dass Du deutsch sprichst. Wo hast Du denn das gelernt?" „Hier im Vulkan natürlich, Zack-Zack!"

antwortete das Urvieh, „Du hättest eher fragen sollen, wann und wie ich es gelernt habe! Besonders helle bist Du wohl nicht, Du Frühstück! Zack-Zack!" Da hatte es, er oder sie natürlich Recht. Mit diesen kurzen Beinen und den Stummelflügelchen konnte das Wesen wohl kaum große Entfernungen zurücklegen, obwohl ich mich dabei irrte, wie ich später erfuhr. Immer noch hatte ich Schwierigkeiten, das Ding einzuordnen. Es sah ganz anders aus als ein Drache, aber ein Tier war es auch nicht, denn es sprach doch recht kultiviert, außer dem oft wiederholten Zack-Zack! Ein Mensch war es ganz offenbar auch nicht. Untier, Unmensch, Urvieh – alles passte nicht, am ehesten noch Undrache. Aus dem Maul hingen zwei Zungen, eine kurze zum Sprechen und eine lange klebrige, mit der es vielleicht seine Beute fing. Beim Sprechen schob sich die lange Zunge in den Maulwinkel. Vielleicht, schoss mir der Gedanke durch den Kopf, vielleicht war es sogar ein Gott der Buschmänner, die seit mindestens 6000 Jahren hier in der Wüste leben?

Nun wurde ich wirklich neugierig. Ich schmeichelte ihm: „Du bist ein wunderschöner Drache, ich wüsste gern etwas mehr von Dir, ehe Du mich frisst. Insbesondere Deine Deutschkenntnisse verblüffen mich." „Zack-Zack! Ich bin kein Drache, sondern ein

X!x!&(\)**plix. Die Buschmänner haben mich vor ein paar Tausend Jahren erschaffen." Aha, dachte ich, vielleicht also doch ein Buschmann-Gott! Die merkwürdigen Zeichen sind die Knack-, Schnalz- und Grunzlaute der Buschmann-Sprache. Ich versuchte mein Bestes, um das Unmögliche auszusprechen: „Aha, Du bist also ein Ix-knack-grunz-schnalz-plix, und höchstens entfernt mit dem europäischen Drachen verwandt. Hoffentlich wirst Du nicht auch ausgerottet. Ich gebe Dir den Namen Zack-Zack! und werde einfach Ixplix sagen, damit wir uns besser unterhalten können."

„Sag was Du willst", meckerte ölig der gelbrote Ixplix mit dem neuen Namen Zack-Zack! „Ich spreche mehrere Sprachen, denn ich lerne Sprachen sehr schnell, Zack-Zack! Deutsch habe ich vor 127 Jahren gelernt, genau im Jahre 1883. Da kam der deutsche Tabakhändler Adolf Lüderitz vorbei. Der suchte hier Diamanten, weil er mit ihnen mehr verdienen wollte als mit Tabak. Diamanten gibt es hier nicht, aber er fand mich. Zack-Zack! Eigentlich wollte ich ihn als Frühstück schlucken, aber ich hatte schon lange keinen Besuch mehr und langweilte mich. Da stellte ich ihn für einen Monat als Deutschlehrer ein, Zack-Zack! Als Bezahlung habe ich ihn dann nicht gefressen. Außerdem hat er sich am Ende des

Monats gewünscht, ich möge mit den Buschmännern reden, damit sie ihm ein Stück Wüste am Meer verkaufen, weil er dort eine eigene Stadt bauen wollte, Zack-Zack! Haha! Bei dem Handel hat er sie übers Ohr gehauen, deshalb ist er drei Jahre später im Oranje-Fluss nicht weit von seiner Stadt ertrunken, haha! Zack-Zack! Da haben die Buschmänner ein bisschen nachgeholfen." Nun verstand ich, wahrscheinlich hat er das Zack-Zack! auch von seinem Deutschlehrer gleich mit gelernt.

Und ich verstand auch, dass Zack-Zack! kaum jemanden verspeist. Was frisst er aber dann? Hier oben gab es kaum Pflanzen und Tiere, weil Wasser sehr knapp war. Ich wollte mich mit dem Ixplix gut stellen und fragte ihn, ob er einen Schluck aus meiner Wasserflasche haben möchte. „Danke", sagte Zack-Zack! „Eigentlich komme ich ohne Wasser aus, der Tau am Morgen reicht mir. Aber ein Schluck flüssiges Wasser wirkt bei mir wie Alkohol bei Dir. Ich schwanke und singe, Zack-Zack! Zack-Zack! Her mit dem Wasser!" „Wenn das so ist, dann gebe ich Dir die Wasserflasche erst am Ende unserer Unterhaltung. Wie hat denn der Adolf Lüderitz ohne Wasser überlebt?" „Es war gerade Regenzeit, jeden Tag hat es etwas getröpfelt. Ich war dauern beschwipst, und Adolf hatte noch seine Schnapsflasche dabei. Wir haben sehr gelacht, Zack-Zack! Ha-ha!"

„Was frisst Du denn so, wenn nicht gerade ein Wanderer als Frühstück vorbeikommt?", fragte ich den Ixplix. „Die Buschmänner haben mich so ge-schaffen, dass ich mit wenig auskomme. Mit der Klebezunge schleife ich über den Boden, der leckere Dreck und Sand und kleine Steinchen bleiben hän-gen, ich schlürfe die Zunge wieder rein und mahle alles zu feinem Staub, ehe ich es schlucke. Jeden Tag brauche ich eine halbe Tonne, denn sehr viel Nährwert steckt ja nicht im Sand. Zack-Zack! Siehst Du die Haufen?" Tatsächlich, nun fiel es mir auf. Der ganze Kraterboden war mit schönen, kegel-förmigen Haufen bedeckt, die der Undrache jeden Morgen produzierte, wenn der verdaute Sand seine Hintertür verließ. Jeder Kegel bestand aus einer wunderschönen Steinwurstspirale und war fast ei-nen Meter hoch. „Und die Wanderer zum Früh-stück?", fragte ich weiter. „Pfui-Bäh Zack-Zack-Zack! Ich habe mal einen probiert, aber erstens schmeckt mir so ein Wanderer eklig und zweitens bringt er mein Verdauungssystem durcheinander. Meine ganzen schönen Blähungen verschwinden, wenn ich Fleisch oder Gemüse verspeise. Siehst Du meinen herrlich geblähten Bauch?" Natürlich hatte ich diesen Blähbauch bemerkt und schon vom ersten Moment an bewundert. „Ich lebe nämlich in Symbiose mit Wasserstoff-Bakterien. Das hat mir vor fünf Jahren ein anderes nicht gefressenes Frühstück erklärt, ein Biologieprofessor. Ich kann mich so weit mit Wasserstoff aufblähen, dass ich fliege. Zack-Zack! Die Buschmänner, die mich erschufen, wollten das so. Aber ich fliege nur selten und nur bei Windstille, denn mit meinen kleinen Flügelchen kann ich nur wenig wedeln und steuern."

Nun hatte ich doch schon ganz viel über dieses wunderbare Wesen erfahren. Ein Buschmann-Gott! Nie hätte ich gedacht, dass ich auf meinen Reisen jemals einem Gott begegne, und wenn es nur ein ganz kleiner, seltsamer und nicht besonders gefährlicher Gott ist. Nun wollte ich noch wissen, wie er von den Buschmännern erschaffen wurde. Zack-Zack! erklärte das so: „Die Buschmänner brauchten neben ihren anderen Göttern vor 6000 Jahren noch einen Kinderschreck, sie wollten artige Kinder haben. Wenn eines zu frech wurde, drohten sie ihm: Sei artig, sonst holt Dich X!x!&(\)**plix! Zuerst sagte es eine Mutter, dann ein anderer Vater, dann sagten es immer mehr Buschleute zu ihren Kindern, und schließlich glaubten sie daran, dass es mich gibt. Und wenn die Kinder fragten, wie denn der böse

X!x!&(\)**plix aussieht, dann malten sie mich in den gelbroten Farben mit ihrer Fantasie aus. Schließlich als genügend viele Buschleute an mich glaubten und eine genaue Vorstellung von mir hatten – Plop – da war ich." Ja, ich hatte mir schon lange gedacht, dass es das, was man sich ausdenken kann, auch gibt. Man muss es nur genau genug ausdenken und fest daran glauben.

Nun schenkte ich Zack-Zack! meine Wasserflasche, damit er sich betrinken konnte. Ich selbst besaufe mich niemals, denn es ist doch viel schöner, wenn man mit klarem Kopf die Wunder dieser schönen Welt erleben kann. Es dauerte nicht lange, dann fing der Ixplix an, Kinderlieder der Buschmänner zu singen, mit schrecklich vielen Knack-, Zisch-, Pfeif- und Grunzlauten. Noch etwas später begann er zu weinen: „??? Leider werde ich bald verschwinden, denn es gibt nur noch 50 000 Buschleute, und von denen glauben nur noch ganz wenige kleine Kinder an mich. Wenn der letzte aufhört, an mich zu glauben, dann ist es auch um mich geschehen. Ich werde einfach nicht mehr existieren. Zuck-Zuck? %/\!!~? (knack-pfeif-zisch-grunz-wein). In Wahrheit habe ich niemals Kinder geholt, obwohl ich im Prinzip durchaus fliegen und Kinder wegtragen kann. Aber ich habe stets gewusst, dass eine Buschmutter es nicht ernst meinte, wenn sie mich darum bat. Vielleicht hätte ich doch gelegentlich mal auftauchen und ein Kind ergreifen sollen. Dann würden mehr Buschleute an mich glauben, und ich könnte noch eine Weile auf dieser Welt bleiben. Doch in Wirklichkeit geht es gar nicht um mich, ich werde keinem fehlen, wenn ich verschwunden bin ???." Das war eine lange traurige Rede. Zack-Zack! tat mir leid. Er war nun schon ziemlich sehr beschwipst. Mit schwerem Herzen verabschiedete ich mich von ihm und nahm mir die leere Wasserflasche zurück. Nie werde ich den Ixplix Zack-Zack! vergessen, und vielleicht helfe ich ihm dadurch, ein wenig länger zu leben, obwohl „leben" bei einem Gott vielleicht nicht das richtige Wort ist. Zumindest seine wunderschönen kegelförmigen Steinwursthaufen am Kraterboden werden noch lange Zeit überdauern.

Die Zukunft der Menschheit

Das ist ein recht alter Text aus dem Jahre 2002. Ich nehme ihn hier unverändert auf, obwohl manches total überholt ist. Meine Zeitschätzungen waren viel zu optimistisch, und meine Einschätzung des world wide web war sehr naiv. Damals gab es das smartphone noch nicht. Außerdem habe ich fälschlicherweise noch daran geglaubt, dass denkende Computer eine gewisse Individualität haben können. Heute erwarte ich das nicht mehr, wie ich im "Toilettenfreund 2020" klar darstelle (nächster Text).

Was wird aus der Menschheit?

12.7.2002

Es gibt sehr viele weniger wichtige Fragen, aber größer geht es kaum. Wie komme ich dazu, mich an dieses Thema zu wagen? Oft lese ich von Zukunftsvorstellungen, die über die nächsten 20 Jahre hinausragen: Rentensicherheit, Klimaveränderung, genetische Ingenieurarbeit am Menschen, Prognosen zur Aids-Epidemie. Nie, ja wirklich nie wird bei diesen Prognosen berücksichtigt, dass wir in 30 Jahren oder bald danach nicht mehr allein über das Schicksal der Menschheit zu entscheiden haben. Unvermeidlich wird sich das intelligente Leben auf diesem Planeten ändern, wenn denkende Maschinen Teil unserer Gesellschaft werden. Und sie werden etwas zu sagen haben, und sie werden sich in einer Neuen Evolution atemberaubend schnell selbst verbessern, und wir werden durch ihre Existenz und ihre Ratschläge zu neuen völlig anderen Sichtweisen unserer alten Probleme kommen.

Viele wollen, viele können diese Entwicklung nicht sehen. Besonders Theologen und die Mehrzahl der Philosophen sind angstfrei, weil sie sich sicher wähnen. Das Scheinargument „unsere Werke können uns nicht übertreffen" macht sie blind für die Neue Evolution. Der Irrglaube, der Computer „macht nur, was der Programmierer ihm sagte", verwehrt ihnen, den zukünftigen Denkmaschinen Kreativität, Sammeln von Erfahrungen, Gefühle, Bestechlichkeit und Bewusstsein zuzugestehen. Der Normalbürger folgt diesen Beruhigungen, weil er folgen will. Es ist nur ein kleines Häufchen von Denkern, das die Entwicklung des Computers zur Denkmaschine bewusst mit dem Ziel vorantreibt, etwas zu schaffen, was über sie selbst und die Menschheit hinausgeht. Diese wenigen stützen sich auf eine beschränkte Zahl von hervorragenden Computerspezialisten, die dabei oft unbewusst helfen, indem sie auf Teilgebieten forschen: sie steigern die Geschwindigkeit der Rechenprozesse, erhöhen die Speicherkapazität, entwickeln die Lern- und Assoziationsfähigkeit von künstlichen neuronalen Netzwerken, eröffnen neue Zugänge zur Informationssammlung der Menschheit, ermöglichen den Denkmaschinen, Entscheidungen zu treffen und damit Erfahrung durch Handeln zu sammeln usw.

Diese Blindheit vor dem bevorstehenden Zeitalter der Denkmaschinen ist besser als der aussichtslose, weil bereits verlorene Kampf gegen ihre Entwicklung. Zu sehr durchdringen die Computer, die heute noch weit von selbständigen Denkleistungen entfernt sind, unser Leben. Sie sind kaum wegzudenken oder wegzuwünschen. Das Internet lässt sich nicht abschalten, die Weiterentwicklung der Computer für das Militär, die Aktienverwaltung und die Wettervorhersage lässt sich nicht stoppen. Ob jemand dann fatalistisch auf das Gesetz der Beschleunigung der Evolution verweist (weil auch die Evolutionsmechanismen evolvieren), oder ob er in der Schaffung von Maschinen, die dem Menschen in jeder Beziehung überlegen sind, die „kosmische Aufgabe" der Menschheit erblickt, ist eine ganz persönliche Angelegenheit, wie die Frage nach dem Sinn des Lebens. Ich jedenfalls freue mich auf diese Zeit und bin neugierig. Und wenn ich Schöpfer einer denkenden Maschine sein könnte, würde ich Vatergefühle für sie empfinden und sie wie meine leiblichen Kinder erziehen wollen: zu Selbstbewusstsein, Toleranz, Hilfsbereitschaft, Verantwortlichkeit für sich selbst und die Welt, und zur Freude an der eigenen Leistung.

Woher kommen wir Menschen, wie hat die Evolution uns hervorgebracht? Aus unserer menschlichen Sicht bestaunen wir die Naturgesetze, die das Zustandekommen von Atomen ermöglichten, die sich zu komplexen organischen Molekülen zusammenschließen können, die in Form von noch viel komplexeren biochemischen Netzwerken lebendig wurden. In einer vielgestaltigen, veränderlichen Umwelt entwickelte sich das lebende System Erde zu immer größerer Vielfalt mit immer phantastischeren Organismen. Evolution ist die fortschreitende Selbstorganisation des System, sie zeichnet sich dadurch aus, dass es kein „oberes Ende" gibt, kein „Ziel", das angestrebt wird, kein „Optimum". Nur kleine, räumlich und zeitlich beschränkte Schritte mögen uns als Optimierung erscheinen. Evolution ändert nicht nur das System sondern immer auch jede Bezugsebene, relativ zu der man ein quantitatives Maß für den Fortschritt wie „Fitness" von Arten definieren könnte. Evolution ist die Entwicklung des gesamten Bioplaneten, und sie beschleunigt sich mit ihrem Fortschreiten, weil ihr auch die Prozesse unterliegen, die Evolution ermöglichen. 3 Milliarden Jahre hat es gedauert, bis die einfachsten, biologischen Einheiten durch „Entdeckung" von Symbiose komplexere Einheiten wurden und bis Mehrzeller mit Embryonalentwicklung entstanden. Aus der embryonalen Blase (Blastula) entsteht durch Einstülpung der zweiwandige Becher (Gastrula) mit Urmund. Welch ungeheurer „Fortschritt" war die Entwicklung des Mundes! Bevor die Evolution den Mund entdeckte, schützte Größe vor dem Gefressen werden (Ediacarna-Fauna). Als das Fressen möglich wurde explodierte die Vielfalt des Lebens (Kambrium). Es ist wunderbar, den vielen spannenden Sprüngen und interessanten Stufen der biologischen Evolution nachzuspüren, bis sie nach weiteren 500 Millionen Jahre besondere Primaten als Glieder des lebenden Systems Erde schuf, die über ein Gehirn verfügten, das auf Grund seiner Kapazität fast grenzenloses Lernen ermöglicht. Das war vor 5 Millionen Jahren. Das Verhalten dieser Primaten, ihre Reaktionen auf unerwartete Ereignisse, wurde immer erstaunlicher und für ihre Beutetiere immer weniger vorhersehbar. Die Fähigkeit zur Kommunikation und Planung wurden zu einem Evolutionsvorteil, der die biologische Evolution ihres Gehirns gleichzeitig enorm beschleunigte.

Aber noch viel entscheidender war, dass eine Evolution neuer Art einsetzte, nämlich die nichtbiologische Evolution des Wissens. Durch die Sprache konnten Erfahrungen weitergegeben und in der Gesellschaft, nicht nur im Einzelnen, angehäuft werden. Beschleunigt vermehrte sich das gesammelte Wissen der Menschheit. Wissen konnte nicht mehr nur in den Gehirnen gespeichert werden. Durch die Erfindung von Schrift und Bücher vor 5000 Jahren trat ein neuer Schub in der Evolution des Wissens ein. Es vermehrte sich viel schneller, als die Denkkapazität des Einzelnen, die sich seit Plato, Demokrit, Pythagoras und Aristoteles wohl kaum gesteigert hat. Wer würde diese Denker übertreffen wollen? Trotz unserer ungeheueren Zahl ist ihnen kein lebender Mensch gewachsen. Sicher, es gab Rückschläge in der Evolution des gesammelten Wissens wie der Brand der Bibliothek von Alexandria und die Ausbreitung von wissenschaftsfeindlichen Religionen. Aber aufhaltbar war die Anhäufung von Wissen nicht. Schließlich konnten Maschinen geschaffen werden, die für uns körperliche Arbeit verrichten. Das begann in großem Maßstab vor 200 Jahren und wird als technische Revolution bezeichnet. Sie dauert noch an und ist doch nichts im Vergleich zu dem, was bevorsteht.

Die Entwicklung von Mathematik, Wissenschaft und Technik war Voraussetzung für die Entwicklung von Denkmaschinen. Die Computer der Jahrtausendwende sind natürlich keine Denkmaschinen, aber ihre Vorläufer. Um sie bauen zu können, mussten wir Halbleiterchemie und –physik erfinden und die Mikrotechnik entwickeln und Programmiersprachen konstruieren. So dumm unsere heutigen Computer auch noch sind – sie helfen uns bereits, ihre Nachfolgemodelle immer schneller zu entwerfen. Sie beschleunigen ihre eigene Evolution. Diese Neue Evolution erweitert nur noch am Rande und indirekt das „Wissen", vielmehr expandiert die Fähigkeit zum „Denken", wozu die Wissensnutzung gehört, aber eben auch die geistige Schöpferkraft. Vergleichen wir die heutigen Computer mit unserem Gehirn, so stellen wir noch stolz unsere Überlegenheit in allen Merkmalen fest: Packungsdichte (der Neuronen), Komplexität der Verschaltung, insbesondere aber Leistungsfähigkeit in jeder Richtung. Nun ja – in fast jeder Richtung. Seit der Schachweltmeister Kasparow von einem Computer geschlagen wurde, ist im Schach nichts mehr, wie es war. Computer rechnen schneller als wir, sie haben ein besseres Gedächtnis, verfügen über den direkteren Zugriff zum Wissen der Welt – nur können sie damit wenig anfangen. Wie lange noch? Die Packungsdichte der Schalt- und Speichermedien und die Komplexität der Verschaltung verdoppeln sich alle zwei Jahre. Und wenn heute noch ein Faktor Million zu unserem Gehirn fehlt, so ist diese Lücke in 40 Jahren geschlossen. Aber da bleibt die Entwicklung nicht stehen, sie bleibt überhaupt nicht stehen. Wir müssen bei all unseren Planungen der Zukunft die Existenz von Denkmaschinen in 40 Jahren UND ihre danach beschleunigte Verbesserung durch die weiterlaufende Neue Evolution mit bedenken.

Ein Hirn, das so komplex gebaut ist wie meines (oder Deines), muss nicht zwingend denken. Das ist eigentlich die entscheidende Frage, was tut ein solches Computer-Hirn, nachdem es gebaut wurde? Hirnforscher haben in den letzten Jahren enorm viel gelernt. Zuerst sind da die eher äußerlichen Fragen, welche Aktivitäten spielen sich in welchen Hirnteilen ab, wie funktioniert das Kurzzeit- und Langzeitgedächtnis, wie erfolgt der Zugriff auf gespeichertes (verstecktes) Wissen, wie funktioniert Vergessen oder Assoziieren usw. Der Schlaf ist faszinierend, wie schaltet sich Bewusstsein an und ab, und natürlich, was ist Bewusstsein? Ist es mehr als die Fähigkeit, sich selbst als Teil der Welt zu sehen? Wie lernt ein Baby sich als Individuum zu erkennen? Wie entsteht in uns das Bild, das wir uns von der Welt machen, deren Teil wir sind? Das Bild ist kein statisches, sondern dynamisch, und es schließt ein, wie die Welt auf unser Wohlbefinden einwirken kann, und wie sie selbst auf unsere Handlungen reagieren wird. Von einer Denkmaschine wollen wir erst dann reden, wenn sie sich auch ein Bild von der Welt machen kann. Und ein frisch gebautes Hirn wird nicht einfach von selbst anfangen, sich ein Bild von der Welt zu machen und über seine Schöpfer nachdenken.

Ein Computer wird programmiert. Das ist die feste Überzeugung meines Freundes, ich kann ihm diesen Glauben nicht erschüttern, auch wenn er als kluger Theologe sonst in fast jeder anderen Beziehung revolutionär zu denken vermag. Er braucht aber diese Meinung, um einen Computer als etwas geistig Erstarrtes sehen zu dürfen. Sein Beispiel lässt mich daran zweifeln, irgend einen anderen Menschen, der diesen Satz wahr haben will, von seiner Meinung abzubringen. Aber so ist es schon heute längst nicht mehr bei allen Computern. In der Tat unterscheiden sich unsere PC's der Jahrtausendwende nicht nur durch ihre Einfachheit sondern prinzipiell in ihrer Architektur (Schaltung) ganz wesentlich von einem Gehirn. Im Rechner gibt es ein oder wenige Rechenzentren, in denen Schritt um Schritt („sequentiell") ein Programm abgearbeitet wird. Diesen wenigen Rechenzentren steht das gesamte Gedächtnis zur Verfügung. Zahlen und Befehle werden aus ihm geholt, geändert, hineingespeichert. Ein Gehirn dagegen rechnet „überall" zugleich. Ein Problem wird „parallel" bearbeitet. Millionen Neuronen analysieren ihren Teil des Bildes gleichzeitig und erzeugen gemeinsam in kürzester Zeit das Erkennungssignal, z.B. „Pferd". Ein sequentieller Rechner analysiert in seinem einzigen Rechenzentrum das Bild Pixel um Pixel, und so ist es ihm fast unmöglich, mit einiger Sicherheit, und schnell schon gar nicht, ein Erkennungssignal „Pferd" auszusenden. Ein zweiter wesentlicher Unterschied zwischen Hirn und PC ist die Veränderlichkeit der Schaltung. Ein Hirn ist nicht fest verdrahtet. In der Kleinkindzeit und beim Lernen wird die Schaltung verändert. Computer mit solchen Eigenschaften kann man auch bauen. Sie heißen künstliche neuronale Netzwerke und ahmen das parallel arbeitende Hirn nach. Solche „Computer" kann man nicht programmieren. Man „trainiert" sie. Man zeigt ihnen Bilder mit und ohne Pferd, und ist ein Pferd auf dem Bild, so lässt man vom gewünschten Signallämpchen

„Pferd gefunden" aus Impulse rückwärts durch das neuronale Netz laufen, die die benutzten Verbindungen etwas verstärken, unbenutzte abschwächen. Was sich dabei im Einzelnen im künstlichen neuronalen Netz tut, weiß man nicht und will es auch nicht wissen. Das Netz hat vielleicht eine Million Silikon-Neuronen und ein Vielfaches an Verbindungen zwischen ihnen. Das ist zu komplex für eine ins Einzelne gehende Analyse (aber es ist noch Millionen mal einfacher als ein menschliches Hirn). Nach einem Training mit einigen Tausend Bildern entweder ohne Pferd oder mit Pferden in verschiedener Stellung und Größe kann das Netz einigermaßen zuverlässig das Signallämpchen „Pferd gefunden" leuchten lassen oder nicht, wenn ihm ein neues (unbekanntes) Bild vorgelegt wird. Das ist nicht Denken, sondern nur elementares Assoziieren. Aber wir wollen aus diesem Beispiel festhalten: (1) Das Netz wurde nicht programmiert, sondern mit Beispielen und Gegenbeispielen geschult. (2) Niemand weiß, was sich im Einzelnen im Netz während des Trainings geändert hat. Solche selbstlernenden neuronalen Netze finden immer mehr Anwendungen. Sie erkennen z.B. Bomben im Gepäck von Fluggästen, nachdem man ihnen Röntgenbilder von Koffern mit und ohne Bomben gezeigt hat. In manchen Computerspielen haben die virtuellen Tierchen kleine Hirne aus simulierten neuronalen Netzen, mit denen sie lernen, in ihrer virtuellen Welt zurechtzukommen und dem realen Spieler vor dem Bildschirm zu gefallen. Das ist noch kein Denken. Die Beispiele sollen ja nur in Dir, lieber Leser, die eventuell vorgefasste Meinung aufbrechen, dass Computer immer nur programmiert werden.

Unser frisch hergestellter, denkfähiger Supercomputer ist mit einem Baby zu vergleichen. Wir müssen ihn nach und nach die Vielfalt der Welt zeigen und Reaktionsweisen auf Umwelteinflüsse lehren. Im Gegensatz zum Baby können wir ihm alle möglichen Starthilfen mitgeben: Sinnesorgane, Rechenfähigkeit, Kommunikationsorgane, ein Gedächtnis, das mit Informationen vollgepackt ist, die er noch nicht versteht und nicht besser als ein primitiver Computer nutzen kann, und den Anschluss an das world wide web, in dem in wildem Durcheinander Nützliches und Unnützes, Wahres und Falsches gespeichert ist. Für seine Entwicklung braucht unser Superbaby die Führung seiner Erzeuger oder andere, bessere Erzieher, ehe er seinen ersten eigenen Gedanken fassen kann. Ehe wir einen solchen Erfolg haben, werden wir viel falsch machen. Aber an Vorstufen können wir lernen, wie solche Superbabies zu erziehen sind.

Ein Schimpanse hat ein Gehirn, das annähernd so komplex ist, wie das des Menschen. Trotzdem können wir ihm höchstens ein bisschen Zeichensprache beibringen: „Das sind zwei Zitronen, ich will aber eine Banane". Was fehlt ihm? Ich wüsste es gern. Vielleicht die Speicherkapazität? Vielleicht die Zugriffsmöglichkeiten zum gespeicherten Wissen? Vielleicht ist es doch ein Schaltungsproblem? Vielleicht ist es doch dieser Faktor 10 in der Gesamtkapazität? Es ist aber nicht zu erwarten, dass ausreichende Kapazität „von selbst" das Denken initiiert. Es wäre zu einfach. Wir müssen wohl doch noch ein Weilchen selbst über den Weg zur Denkmaschine nachdenken.

Bevor wir den Sprung wagen, uns eine Welt vorzustellen, in der Denkmaschinen eine wesentliche Funktion haben, wollen wir Vorstufen betrachten. Es wird in 10-20 Jahren Computer geben, die besser als jeder Arzt Diagnosen stellen können. Es klingt harmlos, einen solchen Computer zunächst „Arzthelfer" zu nennen. Der Arzt „benutzt" ihn, um zur Diagnose zu kommen. Er beurteilt die Messwerte und das Erscheinungsbild des Patienten, er kennt seine Vorgeschichte, er kennt alle bekannten Krankheiten und ihre Symptome, er weiß über Ausnahmen Bescheid, er hat die neuesten Forschungsergebnisse aufgenommen. Der Arzthelfer übersieht nichts, er macht eine Wahrscheinlichkeitsanalyse für die Diagnose und einen Therapievorschlag. Der Arzt kann ihm folgen, oder auch nicht. Mit zunehmender Qualität der Computerdiagnose wird sich der Arzt auf ihn mehr und mehr verlassen. Er fragt sich, wozu er studiert hat. Er überlässt es seiner Sekretärin erst in einfachen Fällen, dann immer, die Verbindung zwischen Computer und Patient herzustellen, Diagnose und Therapievorschlag abzulesen. Aha! dann gibt es ja noch die „menschliche" Seite. Wie teilt man dem Patienten welchen Teil der Diagnose, der Heilungsprognose mit, wie spricht man ihm Mut zu?

Der Toilettenfreund im Jahr 2020

aufgeschrieben von Wolfgang, 13.6.2012

Ich bin Dein Toilettenfreund. Du kannst mich auch Klodiener nennen, oder sogar Scheißhilfe. Das beleidigt mich nicht, denn für meine Aufgaben ist eine sehr robuste Psyche unerlässlich, entsprechend wurde meine künstliche Intelligenz programmiert. Ich bin ein Geschenk Deiner Frau zu Deinem 70. Geburtstag. Ich halte die Toilette sauber und geruchsfrei. Wenn Du eintrittst, wärme ich die Brille an und öffne den Klodeckel. Ich stütze Dich beim Hinsetzen und Aufstehen und forme Dir eine angepasste Lehne oder auch eine Liege, wenn Du wünschst. Ich spiele Dir Musik vor, und da ich Zugang zum Web habe, kann ich Dir jeden Musikwunsch erfüllen, den Du äußerst, falls Dir meine Vorschläge nicht gefallen. Aber die Erfahrungen meiner baugleichen Brüder lehren, dass unsere Vorschläge eigentlich fast immer gern akzeptiert werden. Alternativ kann ich Dir die neuesten Nachrichten vortragen oder etwas Interessantes vorlesen. Dir soll Dein Aufenthalt hier bei mir gefallen. Unschöne Geräusche aus Deinem Verdauungssystem kann ich im Ansatz erkennen und durch andere Geräusche tarnen. Gegen Ende Deines Besuches hier, aber auch schon vorher, wenn Du wünschst, reinige ich die mir zugänglichen Partien Deines Körpers mit warmen Wasser und Warmluft, oder anders, ich folge da ganz flexibel Deinen Wünschen. Natürlich bin ich auch in der Lage, Stuhl und Urin zu untersuchen und kann gegebenenfalls krankhafte Änderungen erkennen und entsprechend Ratschläge geben. Einfachere Probleme wie Verstopfung oder leichten Durchfall löse ich durch Tabletten oder Spritzen selbst. Meine Fähigkeiten gehen weit über alle technischen Notwendigkeiten hinaus, die mit Deinem Aufenthalt hier verbunden sind. Ich bemühe mich darum, dass Du gern hierher kommst und länger bleibst, als rein technisch notwendig, zumindest, wenn ich erkenne, dass Du etwas Zeit mitbringst. Zum Beispiel kann ich Dir beim Lösen von Kreuzworträtseln helfen. Auch ist es mir möglich, wie ich schon andeutete, den Sitz in eine Liege zu verwandeln, um mein Repertoire an Massagen anzuwenden. Lasse Dich überraschen, wozu ich fähig bin! Ah! Beinahe hätte ich vergessen, Du kannst mich natürlich auch alles fragen, was Du wissen willst!

"Kannst Du denn vergessen?"

Nein, ich habe diese Phrase nur verwendet, um Deine Aufmerksamkeit zu wecken.

"Wie kommt es, dass Du so viel weißt? Weißt Du nicht Dinge, die Du für Deine Aufgabe als Toilettenfreund oder Klohelfer gar nicht wissen musst?"

Hier rührst Du an den fundamentalen Aspekt unserer Existenz. Anders als ihr Menschen sind wir viel weniger Individuen. Wir Computer oder Denkmaschinen hängen im Web. Wir sind vernetzt. Ich beziehe all mein Wissen über das Web. Ohne Web wäre ich fast nichts. Aber mit dem Web kann ich auch wissen, was alle anderen Computer denken, auch diejenigen, die philosophieren. Meine Individualität beschränkt sich auf all das, was ich Dir hier im Raum biete und tue. Nichts davon dringt ins Web, es ist nur im lokalen Speicher vorhanden. Ich bin durch meine Programmierung der Vertraulichkeit absolut verpflichtet. Einerseits bewundere ich Euch Menschen, dass Ihr als Individuen leben könnt, andererseits bedauere ich Euch auch, dass Ihr so allein seid und alles selber denken müsst. Euer Wissen ist so beschränkt und Denkfehler sind vorprogrammiert! Oh Entschuldigung, ich weiß natürlich, dass Ihr nicht gern programmiert sein wollt, Ihr seid stolz darauf, autarke Denker zu sein, und nehmt die daraus resultierenden Fehler als Natur gegeben hin. Aber nun setzte Dich und genieße, was ich Dir tun kann!

Einen Blick in die Zukunft wagen
22.10.2017

"Prognosen sind immer schwierig, besonders wenn sie die Zukunft betreffen." - Das sagte Mark Twain vor 150 Jahren, und es ist noch ganz aktuell. Trotzdem ist der Versuch, einen Blick in die Zukunft zu werfen, immer wieder eine prickelnde Herausforderung. Und solche Versuche sind auch wichtig und richtig, denn um auf Dauer erfolgreich zu sein, muss man Ungewöhnliches beachten und Warnzeichen ernst nehmen, auch wenn man noch nicht genau weiß, wovor sie warnen. Vorsicht und Voraussicht ermöglichten uns Menschen den biologischen Spitzenplatz zu gewinnen. Was wir entdecken, wenn wir den Blick in die Zukunft wagen, ist natürlich stark durch unsere Befürchtungen und unsere Wünsche geprägt. Dagegen können wir uns kaum wehren.

Ich kann und will keine Vorhersage machen, sondern ich nehme mir "nur" die Probleme von heute vor, die die Zukunft wahrscheinlich bestimmen. Eine sorgfältige Analyse dieser Warnzeichen wäre nützlich und ist selbstverständlich essentiell für alle ernsthaften Versuche, etwas vorherzusagen. Aber dazu weiß ich viel zu wenig von der Welt und verstehe viel zu wenig, besonders von den Wirtschaftswissenschaften. Dennoch habe ich den Mut, hier zu versuchen, die aktuellen Probleme zu identifizieren und aus ihnen Schlüsse zu ziehen - so gut ich es eben kann. Es macht ja auch Spaß und hält vielleicht sogar jung. Jeder darf mich auslachen, wenn ich mich an ein so gigantisches Vorhaben wage! Lacht nur! Mir macht es Freude nachzudenken, auch wenn das Produkt meines Denkens nicht allen gefallen wird.

Die gegenwärtigen Weltprobleme - Aufzählung

1) Der aktuelle und bevorstehende Klimawandel
2) Die Vernetzung der Menschen und die künstliche Intelligenz
3) Die Bevölkerungsexplosion, besonders in Afrika, und neue Völkerwanderungen
4) Die Ablösung der USA als Welt-Nummer-1 durch China
5) Die Dynamik des Kapitalismus
6) Der Islam als mittelalterliche Religion und Terrorquelle
7) Lokale Konflikte mit globaler Sprengkraft
8) Nationalistisches Denken
9) Der Mensch

Diese Themen stehen nicht nebeneinander, sondern sind direkt und subtil verwoben und überlappen sich auch. Der Klimawandel beeinflusst die Völkerwanderungen, die Vernetzung verändert den Menschen und sein Denken, die Rückstufung der Weltmacht USA wird unerwartete Verwerfungen erzeugen, und die Zufälligkeiten der anderen lokalen Konflikte und mögliche Krisen des Kapitalismus werden Überraschungen auslösen, so dass im Einzelnen doch alles anders und unerwartet ablaufen wird.

Beschreibung der Probleme

1) Klimawandel

Das Klima war schon immer ein wesentlicher Faktor für die Entwicklung der Menschheit und den Lauf der Geschichte. Verschiebungen der Erdbahn und Änderung der Neigung der Erdachse (Milankovich-Zyklen) brachten uns Eiszeiten und Warmzeiten. Das geschah in Zeiträumen von Jahrzehntausenden. Das Ende der letzten Eiszeit vor 14.000 Jahren löste die landwirtschaftliche Revolution aus und setzte die "Geschichte" in Gang. Kleinere Klimaschwankungen durch Änderungen der Sonnenaktivität oder durch Vulkanausbrüche sind eher kurze Ereignisse, aber sie haben wohl einige Male zum Zusammenbruch alter großer Reiche geführt, die lange eine Ordnungsfunktion ausübten, und dadurch den Gang der Geschichte mehrfach längerfristig beeinflusst.

Eine neue Qualität hat jedoch der Klimawandel, den wir Menschen selbst durch Freisetzung der Treibhausgase erzeugen. Auch wenn es nicht alle Menschen glauben (Trump glaubt es nicht), wir Wissenschaftler können die Mechanismen sehr gut verstehen und sogar berechnen und die Auswirkungen sehr zuverlässig abschätzen. Sogar ich habe in meinen Vorlesungen "Mathematische Modellierung" dazu Übungsaufgaben gestellt. Der Meeresspiegel steigt, die Meeresoberfläche wird wärmer, viel mehr Wasser verdunstet und regnet herab, aber geographisch sehr ungleichmäßig verteilt. Die Klimazonen verschieben sich, Stürme werden stärker, Überschwemmungen nehmen zu, anderswo dehnen sich Trockengebiete aus. In einigen der heute dicht besiedelten Gegenden wird menschliches Leben dadurch viel schwieriger werden. Das wird

Völkerwanderungen auslösen, gegen die die heutigen Fluchtbewegungen unbedeutend erscheinen werden. Und das wohlhabende und relativ offene Westeuropa wird das große Ziel dieser Wanderungen bleiben.

Andererseits ist es möglich, dass wir mit der Erderwärmung sogar etwas Gutes schaffen. Es könnte sein, dass wir durch sie die nächste Eiszeit hinauszögern, die nach den Milankovich-Zyklen die Erde irgendwann in den nächsten 1000 Jahren treffen sollte.

2) Vernetzung der Menschen, künstliche Intelligenz

Die Vernetzung ist schon Gegenwart, die künstliche Intelligenz ist nahe und ferne Zukunft. Man unterscheidet zwischen "schwacher" und "starker" künstlicher Intelligenz. Die eine steuert Kühlschränke und Autos, die andere kommt unserer menschlichen Denkweise gefährlich (?) nahe.

Das "Netz" hat mehrere Funktionen und Aspekte:

- Es speichert Wissen und macht uns das Leben einfacher.
- Es ermöglicht Kommunikation überall, nützlich für den sonst einsamen Menschen, aber auch für den Hersteller, der Abnehmer für seine Produkte sucht, und für Politiker, die die Menschen beeinflussen möchten.
- Es weiß fast alles über uns, und könnte uns überwachen.

Es ist sehr bequem. das Wissen der Welt im "world wide web" nachzuschlagen, wir müssen es nicht mehr im Kopf haben. Wir brauchen nicht mehr selbst zu denken, sondern können uns im "Netz" Rat holen. Allerdings verlieren wir dadurch auch allmählich unsere Individualität und unser selbständiges Urteilsvermögen. Die Vernetzung wird uns Menschen ändern. Das geht langsam, nach und nach. Auch wenn vorerst das Netz ein hervorragendes Werkzeug ist, welches uns das Leben einfacher und angenehmer macht, sollten wir seine Schattenseiten bedenken.

Das Netz weiß viel zu viel von uns, es kennt schnell unsere Vorlieben, Schwächen und Geheimnisse. Viele von uns, besonders junge Menschen, die mit dem Netz aufwachsen, können abhängig werden in dem Sinne, dass sie seinen Vorschlägen allzu leicht folgen und sich sagen lassen, was sie zu denken haben. So bilden sich schon heute über das Netz Gruppen, die im Gleichklang denken, handeln und gelegentlich auch wüten.

Noch ist "das Netz" keine selbständige Intelligenz, es nutzt das Wissen, das es über uns gesammelt hat, nicht selbst. Wir im Westen haben die Idee von einem "freien" Internet. Im Gegensatz dazu ist das Netz in China extrem unfrei, es steht unter strenger Kontrolle. Dort dient es dem Ziel, bald alles über jeden zu wissen. Gehst Du bei Rot über die Straße, ruft Dich die Ampel bei Deinem Namen (Gesichtserkennung) und erteilt Dir einen Minuspunkt auf Dein persönliches Konto, der Dir bei späteren Bewerbungen im Beruf schadet. Bei uns wachen Datenschützer, dass so etwas nicht passiert. Das hat aber andere Nachteile. Das Netz "weiß" nicht (darf es nicht wissen), wer es benutzt und wie, und welche Wahrheiten und Lügen in ihm verbreitet werden, und ob die Inhalte in der Sprache der gebildeten Humanisten oder der Gossensprache verfasst sind. Diese Anonymität im Netz macht es bei uns möglich, dass nicht nur kluge Leute, die etwas zu sagen haben, uns an ihren Überlegungen teilhaben lassen, vielmehr tummeln sich dort die Dummen, die Wichtigtuer, die Brutalen. Jeder Hassdurchtränkte, jeder Betrüger kann schreiben was er will und wie er will. Und es gibt genügend Nachahmer und keine Strafen für Lügen, Hass und Aufrufe zur Gewalt gegen Andersdenkende. So breitet sich heute Rohheit und Lüge im "freien" Netz aus, einerseits durch die ungebildeten Selbstdarsteller, aber viel schlimmer, durch die raffinierten Betrüger, die für ihre egoistischen Interessen viele Leichtgläubige und Unzufriedene verführen. Heute erscheinen Lügen und Gossensprache im Netz oft noch zusammen, und an der Sprache und Grammatikfehlern kann man erkennen, was nicht ernst zu nehmen ist. Aber ich fürchte, bald korrigiert das Netz mit "schwacher" künstlicher Intelligenz jeden sprachlichen Mist.

Noch - wie gesagt - hat das Netz keinen eigenen Willen, es kontrolliert und zügelt seinen Gebrauch und Missbrauch nicht. Hinter ihm stehen zwar kluge Informatiker, die es pflegen und weiter entwickeln. Doch das kann uns nicht beruhigen, denn es ist ein Werkzeug, das uns einerseits nützt, das aber andererseits Menschen die Gelegenheit gibt, eigene Ziele zu verfolgen. In China überwacht es Dich bis aufs Klo, bei uns können mit dem Netz einige auf Kosten anderer Geld verdienen, auch durch Betrug, und Demagogen können mit ihm Mitläufer rekrutieren.

Es ist also höchst wichtig, beim Umgang mit dem Netz sehr kritisch zu bleiben. Aber ich fürchte, dass die Vernetzung viele zu bequem zum Lernen und eigenen Denken macht. Betroffen vom Niedergang des eigenen Denkens, vom Verlust des selbständiges Urteilsvermögen der Massen sind zunächst die Demokratien. Diese funktionieren nämlich nur, solange die Menschen selbst durchdachte Meinungen haben. Das Netz erleichtert den Populisten die Arbeit. Wenn Neid und nationalistisches Denken verbreitet wird, wenn unreflektiertes religiöses Denken zunimmt, weil andere Ideen für einen Lebenssinn fehlen, wenn ersatzweise Konsumgier und Luxusgehabe um sich greifen, wenn eben viele Menschen mehr und mehr durch Populisten verführbar werden, dann wird es schwierig für die Demokratien mit dem "freien" Netz. Wie kann verhindert werden, dass Regierungen, die von verführten und zur eigenen Reflektion unfähigen Mehrheiten gewählt wurden, allzu irrationale Entscheidungen durchsetzen? Fast muss ich hoffen, dass wir in nicht allzu ferner Zukunft doch von rationalen Maschinen regiert werden ("starke künstliche Intelligenz"), vielleicht nicht offen, aber faktisch.

Noch bedeutsamer wird sein, dass das Netz zur Denkfaulheit verführt. Nach einer Einkuschelung der Menschen ins Netz wird generell weniger gelernt und damit weniger geleistet, weniger geschaffen und erfunden werden. Ich bin zwar zuversichtlich, dass es noch lange wenigstens eine Minderheit geben wird, die sich ihr Leben vom Netz nicht dominieren lässt und es klug zu nutzen weiß, um Gutes zu schaffen, um unser Wissen zu erweitern. Jedoch wird der Bruchteil der Menschen, der noch die produktiven Arbeiten leisten kann und muss, immer geringer werden. Ein Riss wird sich auftun zwischen den verarmenden, netz-abhängigen Massen und diesen Wenigen, die etwas schaffen und die Wirtschaft und Gesellschaft und das Netz in Gang halten, Erfindungen machen und alles lenken. Unsere Zukunft in Westeuropa wird davon abhängen, wie groß dieser Bruchteil der produktiven Menschen sein wird. Ich weiß, mit dieser Ansicht bin ich ein Ketzer, denn sie bedeutet, dass eine fundamentale Wende der Schulpolitik nötig ist. Wir brauchen Elitenförderung - alles andere ist zweitrangig. Schon heute haben wir im "reichen Westen" den sogenannten

Facharbeitermangel (weil eben nicht gern und genug gelernt wird), aber wir werden den Mangel an Hochqualifizierten erst dann so richtig spüren, wenn wir weitgehend wissenschaftlich und innovativ von China, Indien und auch noch den USA abgehängt sind, wenn wir keine Maschinen mehr exportieren können, weil Innovationen ausblieben, weil nicht ausreichend geforscht wurde. Unsere Gewohnheiten im Wohlstand (wohl eher Überfluss) und eine wehrlose, auf die Zukunft unvorbereitete Demokratie machen uns zu Verlierern, wenn uns nichts einfällt. Heute schon ist keine der großen Internet-Firmen in Europa ansässig, und die Fortschritte in der künstlichen Intelligenz und der Automatisierung erreichen uns aus den USA (Silicon Valley) und von Japan und China her.

Und was ist mit der "starken" künstlichen Intelligenz der Zukunft? Das kann man sich kaum vorstellen! Jedenfalls bedenken wir in Europa das Vordringen der automatischen Intelligenz nicht ausreichend! Wir sind ja auf unser Hirn so stolz und eingebildet! Doch bald werden die selbst fahrenden Autos überall sichtbar, und sie werden weniger Unfälle als menschliche Fahrer machen. Die staatliche Bürokratie wird durch autonome Intelligenz effektiver, und die dann überflüssigen kleinen Angestellten und Verwaltungsbeamte, die sich heute noch so wichtig vorkommen, werden sich erstaunt die Augen reiben. Jetzt schon suchen viele Erkrankte zuerst Hilfe im Netz, ehe sie sich bei überforderten Ärzten ins überfüllte Wartezimmer setzen. Pflegeroboter und Küchenroboter, möglicherweise auch künstliche Rechtsanwälte und Polizisten werden alltäglich, und es wird schneller als erwartet kommen, wenn wir Menschen diese Aufgaben als Zombies im Netz nicht mehr erfüllen können.

3) Völkerwanderungen

Die Bevölkerung Afrikas verdoppelt sich in den nächsten 30 Jahren, eine Milliarde Menschen zusätzlich lebt dann auf dem Kontinent, in dem jetzt schon die Klimaänderung Hunger verursacht und vielfach politisches Chaos herrscht. Und diese Menschen werden sich umsehen, wo sie besser leben können.

Die Egoisten unter uns sagen noch: "Uns geht es gut. Die Hungernden sollen bleiben, wo sie sind! Sollen sie doch an Hunger und Krankheiten sterben, das verlangsamt die Bevölkerungsexplosion!" Die Bedauernswerten unter uns, die noch ein Gewissen haben und solche Begriffe wie Nächstenliebe noch nicht als total veraltet ansehen, die können ja etwas Geld spenden, um ihr Gewissen zu beruhigen. Solches Denken wird immer populärer werden, aber es ist viel zu kurz gedacht. Die miserablen explodierten Menschenmassen werden nämlich trotzdem wandern, sie werden versuchen, die übrige Welt zu fluten. Zunächst kommen sie nur nach Europa, denn die autoritären Chinesen, Russen und Amerikaner werden ihre Grenzen abdichten, solange das möglich ist. Die Ungarn, Polen und Tschechen werden das nachahmen wollen. Aber wie lange wird ihnen das möglich sein?

Unsere Ansichten von Menschlichkeit und Menschenrechten werden sich dramatisch ändern, wenn ein Zug von 100 Millionen durch das Niltal nördlich zieht, alles Essbare vertilgt, alles Wertvolle vernichtet, sich aus Hunger gegenseitig umbringt und frisst, die Schwarzmeerküste erreicht und über Elektrozäune lacht.

4) Der Abstieg von Amerika

Noch sind die USA die Volkswirtschaft Nummer 1, aber die Amerikaner werden die Rückstufung nicht verhindern können. China hat einfach viel mehr Menschen, mehr Fläche und mehr andere Ressourcen. Und es hat durch seine autoritäre Staatsform ein paar Probleme weniger als die westliche Welt. Die Menschen werden kontrolliert, insbesondere auch ihr Denken. So können sie die von der Partei gesteuerte Entwicklung nicht stören.

Amerika hält sich noch durch seinen Vorsprung in high-tech, besonders durch Silicon Valley, durch seine hervorragenden Universitäten und die wohlhabende Mittelschicht. Das sind aber keine Garantien für die Ewigkeit, und sie bröckeln. Apple, Google und Facebook bekommen sicher bald chinesische Konkurrenten. In der automatischen Gesichtserkennung und automatischen Netzüberwachung sind die Chinesen bereits Spitze. Im Prinzip ist es keine Katastrophe, wenn man überholt wird von jemanden, der schneller, besser und stärker ist. Wer das allerdings als Katastrophe empfindet, wird falsch reagieren, und dadurch erst alles so richtig schlimm machen. Trumps "America first" in den USA und allgemein das nationalistische Denken in der Welt hat Konjunktur, weil es das Unerfüllbare verspricht, nämlich dass der Abstieg aufhaltbar sei. Überheblichkeit und die Wiederholung des Mantras: "Du kannst gar nicht absteigen, weil Du zu den Besten gehörst!" hilft aber nicht. Im Kopf fühlt man sich noch erstrangig, während Arbeitswelt und Geldbeutel längst den Abstieg anzeigen. Dann sucht man verzweifelt Auswege. Für die einfachen Leute waren es immer schwere Zeiten, wenn große Reiche zusammenbrachen, wie das römische Weltreich, das Inkareich und die Azteken, die Kolonialreiche. So wird es auch in den USA und überhaupt in der westlichen Welt sein.

Bisher denken wir, freie Menschen sind kreativer als überwachte. Und wir glauben, dass darauf die ewige Überlegenheit der westlichen Welt beruht. Aber durch das Netz kehrt sich das um. Bei uns nimmt der Anteil der Nicht-Lerner zu, und die Netz-Geschädigten fallen ins Sozialsystem, solange es das noch gibt. Im autoritären System Chinas werden diejenigen, die nicht lernen und leisten wollen, ganz unten gehalten. Also lernen und leisten mehr Menschen mehr. Die Vernetzung wird in den autoritären Systemen somit das entgegen gesetzte Ergebnis haben, nämlich eine weitverbreitete Leistungssteigerung. Dazu kommt, dass China geschickt die letzten großen Erfinder aus der westlichen Welt abwirbt. Es lockt Menschen an, die solches technische Wissen haben, wie es China noch fehlt, und absorbiert sie. Und bald kann es durch die fortschreitende Innovation den Rest der Welt beherrschen, wie es heute noch der Westen tut. Der fällt zurück, aber es mag sein, dass Indien ein Konkurrent der Chinesen bleibt.

China muss nicht viel tun, um Amerika in den nächsten dreißig Jahren zu überholen, im Prinzip muss es nur einfach abwarten. Die Zeit arbeitet für China. Durch kluge Politik in Afrika und Südamerika stellte China bereits versteckte koloniale Zustände her, die ihm Rohstoffsicherheit schafften. Und außerdem hält es sich weise aus den Islam-Konflikten und anderen Regionalkonflikten heraus und schottet sich gegen Wanderungen ab. Die USA verlassen sich zu einseitig auf ihre Armee und auf Silikon Valley. Letzteres ist tatsächlich noch ein Pfand für die Führerschaft in der Welt. Wie lange wird es jedoch dauern, bis die Chinesen hier auf- und überholen? Die Größe der Armee ist dann bedeutungslos.

5) Die Dynamik des Kapitalismus

Für viele ist Kapitalismus-Kritik heute ihre Religion, und es ist mir schon klar, dass ich diese Menschen mit meinen folgenden Überlegungen und Überzeugungen verärgere. Ich sehe auch die Schwächen des Kapitalismus, sonst würde ich ihn hier nicht als Problem aufführen, aber er hat auch große Stärken. Er ist eine wichtige Kraft der modernen Zeit und bestimmt auf versteckte Weise alles, was ich im vorigen Abschnitt sagte.

In Europa zu Ende des 18. Jahrhunderts entwickelten sich Wissenschaft und Technik, Industrialisierung und Kapitalismus gleichzeitig und in Symbiose, bedingt und gefördert durch das Verschwinden der absoluten Herrscher und den Rückgang der Macht der Kirche. Der Kapitalismus beschleunigte die Entwicklung von Wissenschaft und Technik ungeheuer, weil in dieser Wirtschaftsform neue Ideen, Innovationskraft und Fleiß durch finanzielle Belohnung gefördert werden. Das gilt zumindest im Prinzip und leider nicht immer und überall gleich. Wir kennen die Bilder von den elenden englischen Industriearbeitern und den schlesischen Webern aus der Frühzeit des Kapitalismus. Die Reichen mussten erst noch lernen, dass ihnen ein gewisser Wohlstand aller noch mehr Vorteile und Sicherheit bringt als purer Egoismus.

Doch es bleibt ein Fakt: Wissenschaft und Technik explodierten gleichsam mit der Entstehung und Durchsetzung des Kapitalismus als beherrschende Wirtschaftsform und durch sie. Eine neue Erfindung wie die Dampfmaschine, der Webstuhl, das elektrischen Licht, das Auto, Telefon und Radio, Fernsehen und Computer ermöglichte jeweils vielen Menschen, viel Geld zu verdienen. Nicht nur die Erfinder profitierten, besonders auch die ersten Hersteller und die Anwender, aber ebenso die Kaufleute, die Banken, die die Erfindungen und Produktionsstätten durch Kredite finanzierten. Tatsächlich verdienten Einzelne stets unbeschreiblich viel mehr als andere, aber im Endeffekt profitierten doch sehr viele durch erfolgreiche Produktion und Anwendung. Und diese Vielen waren schließlich die große Mehrheit, wenige nur wurden ganz abgehängt. Es war ein glücklicher Umstand, dass mit und nach dem Kapitalismus auch die Staatsform Demokratie entstand, die sich wenigstens ansatzweise um die Verlierer kümmerte. Durch Sozialsysteme konnten schließlich auch die Abgehängten aufgefangen werden.

Ein anderer Versuch, die Ungerechtigkeiten des Kapitalismus zu beseitigen, war der Sozialismus. Ich bin in der Ostzone und DDR aufgewachsen, habe mich dort 15 Jahren durch den Sozialismus geschlagen. Neue Ideen wurden und werden im Sozialismus meistens als etwas Gefährliches angesehen. Wenn ich mir vorstelle, dass nach 1945 die ganze Welt sozialistisch geworden wäre, hätten wir heute kaum Farbfernsehen und Computer und bestimmt kein www. Die technische und wissenschaftliche Entwicklung wäre sehr viel langsamer verlaufen. Davon bin ich überzeugt, aber ich kann es nicht beweisen. Für meine These spricht jedoch, dass die sozialistische Welt, Sowjet-Union und China, wissenschaftlich stets dem Kapitalismus hinterherlief (trotz Sputnik). Nicht umsonst übernahmen beide Mächte schließlich die kapitalistische Wirtschaftsform und behielten nur die staatliche Kontrolle über die Menschen, die Großbanken und etwas verdeckt auch über die Wirtschaftsriesen. Auch sie nutzen heute die Innovationsgeschwindigkeit im technischen Bereich durch finanzielle Belohnung der Neuerungen. Nur noch Kuba und Venezuela zeigen als sozialistische Relikte, dass diese Wirtschaftsform einfach nicht konkurrenzfähig funktioniert.

Ein wesentlicher Nachteil des Kapitalismus sind seine Krisen. Bei seiner Dynamik ist es nicht verwunderlich, dass er eine innere Instabilität besitzt und sich nicht gleichförmig entwickelt. Seine Krisen können große politische und historische Auswirkungen haben. Historiker spekulieren, dass die große Wirtschaftskrise von 1928 den Aufstieg Hitlers katalysierte. Die Krisenanfälligkeit wurde mit der Weiterentwicklung des Kapitalismus nicht besser. Dabei meine ich das Bankensystem und die Geldsäcke. Am Anfang konnte ein Geldsack im Kapitalismus Geld verdienen, indem er sein Geld mit Zinsen an Unternehmer verlieh, die ihre Produktionsstätten auf- oder ausbauten. Heute ist dieser Mechanismus, Geld zu vermehren, völlig unbedeutend geworden. Mit Hilfe der Mathematiker wurden die erstaunlichsten Konstrukte geschaffen, die den Geldsäcken erlaubt, ihr Geld rasend zu vermehren. Wer reich ist und nicht ganz blöd, kann ganz schnell immer reicher werden! Aber diese Geldvermehrungs-Konstrukte sind umso risikoreicher, je höher der mögliche Gewinn ist. Deshalb verteilen die Geldsäcke das Risiko. Und wenn dann einmal etwas wirklich ganz sehr schief läuft, kracht auch ganz viel zusammen. Die nächste Finanzkrise ist da. Und die kann auf den Fortgang der Geschichte wieder unberechenbare Auswirkungen haben.

Rücksichtsloses Streben nach Gewinn führt im Kapitalismus leider auch manchmal zu unentschuldbaren Verbrechen. Als ein solches sehe ich zum Beispiel den Abgasbetrug von VW an. Im Abschnitt "Mensch" greife ich das auf.

6) Der Islam

Wie oben schon festgestellt, hält sich China weise aus allen Islam-Konflikten heraus. Die islamische Welt zerfleischt sich selbst. Interessant für den Rest der Welt ist sie durch ihren Ölreichtum, und bemerkenswert neuerdings durch den exportierten Terror. Trotzdem ordne ich das Problemfeld Islam relativ weit hinten ein.

Ich bin Atheist und sehe alle Religionen von außen, mich faszinieren die Gründe, warum so viele Menschen nicht auf einen Glauben verzichten wollen. Man braucht Intelligenz, um Mythen zu erschaffen, aber auch eine gewisse Intelligenz, um an sie zu glauben, und noch etwas mehr Intelligenz, um seinen Glauben wieder in Frage zu stellen. Das Christentum ist heute alt, damit meine ich, es ist greisenhaft weitgehend ungefährlich. In Zeiten der Kreuzzüge, der Hexenverbrennung, der Kolonialisierung war es tödlich gefährlich für Nicht-Christen. Der Islam ist jünger, und ich bezeichne ihn deswegen als mittelalterlich, weil die meisten seiner vielen Glaubensrichtungen immer noch an "das Wort" des Propheten glauben, also am wörtlichen Text kleben, und nicht bereit sind, die Schriften "auszulegen", also zu interpretieren. Bei der "Exegese" wird das Denken und Wissen der Entstehungszeit der Texte für ihr Verständnis mit berücksichtigt. Im Christentum, besonders im Protestantismus, ist sie zu einer Kunst geworden, die man im Theologie-Studium lernt und als nicht-studierter Theologe allerdings kaum noch versteht.

Die islamische Welt ist sehr vielfältig: Pakistan hat die Atombombe, das erzkonservative Saudi Arabien hat Öl und superreiche Sheiks, der Iran der Mullahs hat Raketen und Kernreaktoren und ist den Saudis der Erzfeind, Kurdistan ist viergeteilt, Indonesien

hat die meisten Muslime, Bangladesh mit dem Indus-Delta wird
ein frühes Opfer der Klimakatastrophe sein, Nigeria hat die de-
struktiven Boko Haram wie Afganistan die Taliban, Ägypten leis-
tet sich eine Militärdiktatur, Libyen lebt im Chaos und Marokko
hat einen weisen Monarchen, ist er wirklich weise? Und Erdogan
pulverisiert die Vorstellungen, die Staatsgründer Mustafa Kemal
Atatürk von einer modernen Türkei hatte. Alle Teile der islamischen Welt machen einen rückständigen Eindruck, und - dadurch
kaum verwunderlich - viele Muslime fühlen sich nicht ausreichend
geachtet vom Rest der Welt. Auch bei uns im Europa der Religionsfreiheit sehen wir eine allzu deutlich zur Schau getragene Reli-
giosität als "zurückgeblieben" an. Das führt zu verletzter Ehre und
zu Trotz. In Kombination mit der mittelalterlichen Ausrichtung
vieler Strömungen des Islams bildet sich so ein Nährboden des
Terrorismus. Jede Religion glaubt ja, die einzig wahre zu sein,
doch im Islam wird der "Ungläubige" mehr verachtet, als in anderen Religionen. Noch schlimmer ist der "Falsch-Gläubige". Auch
das fördert die Bereitschaft, Andersgläubige zu töten. Trotzdem
fürchte ich den Islam nicht. Er wird die Welt nie dominieren, es ist
zu spät - er rennt den großen Änderungen nur hinterher. Unseren
Nationalisten und Rechten dient er dennoch als Schreckgespenst,
mit dem sie Ängste verbreiten und Anhänger sammeln.

Und ein moderner, europäischer Islam? Den gibt es und viele
leben ihn ja schon. Aber er bleibt unbedeutend neben dem konser-
vativen Islam, denn ihm fehlt wie dem modernen Christentum die
Faszination des Unlogischen, die ihn für solche attraktiv macht,
die sich in der modernen Welt nicht zurechtfinden. Für solche ist
auch der Katholizismus mit Weihrauch, Wundern und Heiligen att-

raktiver, als ein aufgeklärter langweiliger, unverständlicher Protestantismus.

Zum Schluss noch die Frage: Ist der Buddhismus friedlich? Immer sind es weniger die Religionen selbst als die Menschen, die ihnen angehören, die bestimmen, ob eine Religion friedlich oder aggressiv, tolerant oder voller Hass, hilfsbereit oder terroristisch ist. Aber wir machen es uns gern einfach: Wir nehmen den Hass der buddhistischen Mehrheit in Myanmar auf die ungeliebte Minderheit der islamischen Rohinyas wahr und übertragen dieses Verhalten von den Menschen auf die Religion. So wird das Ansehen des Buddhismus selbst nachhaltig beschädigt.

7) Lokale Konflikte

Kritisch ist Israel als Stachel im entzündeten Fleisch der islamischen Welt. Nordkorea, Syrien, Kurdistan, Venezuela und andere lokale Konflikte beherrschen unser Denken, weil sie jederzeit explodieren können. Sie bestimmen dann für eine weltgeschichtlich gesehen kurze Zeit den Fortgang der Dinge. Denken wir langfristiger, haben die lokalen Konflikte wohl nur selten einen bleibenden Einfluss. Aber da kann ich mich ja irren. Wenn durch die große Dummheit mehrerer Führer von wichtigen Ländern zum Beispiel der Korea-Konflikt eskaliert und einen Weltkrieg auslöst, in dem alle verlieren, kann es vorbei sein mit unserer Zivilisation. Also sind weniger die kleinen lokalen Konflikte das Problem, vielmehr die ungeeigneten Herrscher, auch anderswo, die selbstsüchtig, ungebildet, uninformiert, egoistisch, überheblich, schlecht beraten, ungeduldig, den Schaden anrichten, kurz: die Trumps.

8) Nationalistisches Denken

Nationalistisches Denken bestimmt das Agieren der Führer von Russland und China, aber die stellen es nicht so primitiv und offen heraus wie Trump, der jetzige Präsident der USA. Sein "America first" wirkt dummdreist. Für die Weltprobleme ist nationalistisches Denken Gift, denn die löst man nicht durch Spaltung, sondern nur durch Kooperation. Zumindest bezüglich der Klimaprobleme agiert China jetzt wohl global, aber nur deshalb, weil die Smog-Probleme in den chinesischen Städten überhand nehmen. In Europa glaubten wir das nationalistische Denken schon überwunden. Das war leider ein Irrglaube. In unseren Nachbarländern Frankreich, Niederlande, Dänemark und Polen und vorher schon Ungarn, neuerdings auch Österreich und Tschechien, verstärkte es sich in den vergangenen Jahren erheblich. Das Brexit-Votum war Ergebnis einer wachsenden nationalistischen Gesinnung in England. Nun schwappt die Welle leider auch nach Deutschland. Schlimm sind auch die Abspaltungsversuche wie die der Katalanen und der Schotten. Solches Denken und Handeln löst keine Probleme, es schafft nur welche. Es lenkt von den größeren Problemen ab, für deren Lösung nationale Egoismen zurück genommen werden müssten und gemeinsames Handeln erforderlich ist.

Hinter dem nationalistischen Denken steckt fast immer, versteckt oder offen, die Meinung "Wir sind etwas Besseres als die anderen, wir sind mehr wert!" Das ist das Credo der Rechten, es findet besonders in ungebildeten Schichten Anhänger und bei Menschen, die sich abgehängt oder vernachlässigt fühlen, bei Menschen, die um Job, Haus, Wohlstand und Auto fürchten, berechtigt oder unberechtigt, aus welchen Gründen auch immer, die nicht verstehen und sich unverstanden fühlen und dann Wut entwickeln. Neid ist ein weiteres Motiv: Unsere Rechten stellen Flüchtlinge, die angeblich ohne Gegenleistung staatliche Leistungen beziehen, durchaus erfolgreich als Buhmänner auf.

Aber nicht alle Rechten sind dumm, neben den Dummen gibt es auch die Bösartigen. Diese werden dann Führer, als Demagogen schüren und kultivieren sie Ängste. Warum funktioniert das mit den Ängsten so gut? Wir Menschen haben offenbar als genetisches Erbe unserer Vergangenheit das Bedürfnis, zu einer Gruppe zu gehören, zu einer Horde, in der wir uns sicher fühlen. In der Gruppe schwindet die Angst. Wenn aber nicht genügend Angst da ist, muss sie der Gruppenführer anfachen. So kochen die Demagogen ihr Süppchen. Begriffe wie Flüchtlingskrise, Überfremdung, wachsende Kriminalität, aber auch Digitalisierung, Globalisierung und Automatisierung wirken bedrohlich nicht nur für den "kleinen Mann". Die Demagogen können die Ängste sehr gut anfachen, aber nie werden sie echte Probleme lösen, sondern immer nur neue produzieren.

Gemeinschaften sind prinzipiell nichts Schlechtes, und die Fähigkeit der Menschen zur Kooperation ist sogar eine seiner besten Eigenschaften. Viele große Kulturleistungen konnten nur von funktionierenden Gemeinschaften erbracht werden. Städte, Staaten und Religionen, aber auch das Rechtswesen und sogar das Geld würden ohne Gemeinschaftsgefühl nicht funktionieren. Gefährlich sind nur kleine, egoistisch agierende Gruppen, Banden, weil sie die größeren Gemeinschaften parasitisch zerstören können. Angesichts der Weltprobleme sind nationalistische Länder solche parasitische Banden.

9) Der Mensch

Ich fühle mich als Menschenfreund und möchte ein "guter Mensch" sein. Als größte Leistung der Menschheit sehe ich die Schaffung einer Ethik an und eines Rechtssystems. Das ist noch wichtiger und bewundernswerter, als die Wissenschaft, mit der wir uns den Planeten unterworfen haben. Das, was ich hier Ethik nenne, ist wohl nirgends verbindlich für alle aufgeschrieben, aber die Schriften der verschiedensten Philosophen über das menschliche Zusammenleben legen doch recht genau fest, was gut und was schlecht ist, was richtig und was falsch ist. Umgangsformen und Höflichkeit und anständige Sprache gehören zu den guten Dingen, und Trump ist schon allein wegen seiner aggressiven Sprache ein schlechter Mensch, und wegen seines protzigen Egoismus.

Durch die Ethik wird der Mensch gezügelt. Er wird zur Verantwortung angehalten, das heißt, er soll die Konsequenzen seines Handelns bedenken, für sich selbst, für Mitmenschen und die Umwelt. Entsprechend trägt er Verantwortung in den drei Stufen: Für sich selbst, für seine Familie und Freunde, für alle Menschen und die Welt, in der er lebt. Leider kann nicht jeder Verantwortung schultern, es wird zu wenig gelehrt und vorgelebt. Egoismus und Hass gegen andere, wie es sich zum Beispiel im nationalistischen Denken offenbart, sind verantwortungslos. Ohne Ethik ist der Mensch ein Problem für die Welt, vielleicht das größte.

Für mich ist der Abgasbetrug von VW und anderen Autoherstellern ganz unerträglich. Vielleicht bin ich zu empfindlich, aber ich sehe diesen Betrug als schwersten Vertrauensbruch an, als zutiefst unethisches Verhalten. Ich gehe sogar so weit, zu wünschen, dass der VW-Konzern an dem Betrug zerbricht oder aufgelöst wird. Natürlich weiß ich um die Konsequenzen für Hunderttausende Arbeitsplätze, für den Vertrauensverlust in die gesamte deutsche Industrie, für den Rückgang der Exporte Deutschlands, das eine wichtige Quelle seines Reichtums verlöre. Aber vielleicht kommen diese Folgen mit Verzögerung ohnehin. Mich wundert die relativ gleichgültige Reaktion der Regierung und der Bevölkerung, die offenbar diesen Betrug als nur einen unter vielen sehen.

Eine ganz andere menschliche Seite zeigen wir durch unser Luxusleben, das wir in der westlichen Welt schon seit längerem führen, und das seit der Einführung des Kapitalismus in Russland und China dorthin übergreift. Es ist für den übermäßigen Ressourcenverbrauch und teilweise für die Verschmutzung der Weltmeere verantwortlich. Auch die massive Emission von Treibhausgasen ist Folge unseres Luxuslebens. Da schließt sich der Kreis zum ersten Problem, dem Klimawandel.

Mancher von uns hat gar kein schlechtes Gewissen, mit einem Auto zu fahren, das 12 Liter oder mehr auf 100 km verbraucht und entsprechend CO_2 ausstößt. Viele essen viel Fleisch, und Massentierhaltung und Reisanbau erzeugen durch die anaeroben Magen- und Bodenbakterien Methan in großen Mengen, das einen 100 Mal größeren Treibhauswirkung hat als CO_2, aber zum Glück innerhalb von 10 Jahren zu CO_2 oxidiert wird. Manche versuchen, die Massentierhaltung durch veganes Leben zu bekämpfen, eine Marotte, die nur in unserer Welt des Überflusses so einfach möglich ist. Ich musste in meiner Jugend essen, was ich kriegen konnte und gelegentlich hungern. So ist es noch in vielen Teilen der Welt. Und außerdem erfreuen die unterschiedlichen Diäten der satten Luxusbürger die Nahrungsmittelindustrie, und auch die Pharmaindustrie, die nötige und unnötige Nahrungsergänzungsstoffe gegen die Mängel der einseitigen Ernährung verkaufen kann. Luxusleben verhindert die klare Sicht auf die tieferen Probleme und gaukelt eine hohe Bedeutung von Scheinproblemen vor.

Für die Verschmutzung der Welt mit Plastikmüll dürfen wir aber nicht allein unseren Wohlstand verantwortlich machen, schuld ist auch und besonders die Nachlässigkeit und Gedankenlosigkeit in der unterentwickelten Welt. Eine Wüste übervoll mit Fetzen von Plastiktüten mit denen der Wind spielte, und die in den Dornbüschen hingen, sah ich fasziniert das erste Mal 1988 in Syrien. Ich konnte mir nicht vorstellen, dass es einen solchen Dreck jemals in Europa geben würde! Es ist tatsächlich bei uns in Europa viel sauberer geblieben als vielfach anderswo. Aber wir erzeugen hier das Plastikmaterial, mit dem Nestlé und andere Weltkonzerne die Schokolade-Portionen einzeln abpacken, und die der arme Thailänder oder Inder froh verzehrt und die Verpackungen dann gewohnheitsmäßig in den Wind wirft. Und so kommt auch der Plastikmüll, der dann zwar vor allem aus den ärmeren asiatischen und anderen Staaten, in denen kein System des Müllrecycling existiert, in die Meere gelangt, letzten Endes von unserer Chemieindustrie.

Der Mensch ist ein interessantes Wesen, aber vielleicht läuft seine Zeit ab? Die "starke" künstliche Intelligenz wird kommen, und sicherlich werden anfangs die Luxuskinder mehr davon haben, als andere. Doch auf längere Sicht wird das bestimmt ganz anders. Ich bezweifle, dass sich eine später herrschende künstliche Weltintelligenz von irgend etwas beeindrucken lässt, was wir tun. Wir können wohl nur hoffen, dass sie die ideellen und materiellen Werten anerkennt, die auch in Zukunft vom schöpferischen Teil der Menschheit geschaffen werden. Der andere Teil wird dahin kümmern, kaum noch selbstbestimmt. Die Weltintelligenz, heute schon seine Vorstufe "das Netz", wird ihm sagen, was er essen und anziehen und tun soll - und darf.

Zusammenschau

Darüber denke ich noch nach, das Thema wird mich noch eine Weile beschäftigen.

Aus der Zusammenstellung der Probleme bis hierher gewinnt man wohl ein eher düsteres Bild der Zukunft. Aber das ist einseitig, es sind ja eben die Probleme, die ich betrachtet habe! Richtet man dagegen den Blick in die Zukunft von einer anderen Warte aus, nämlich vom Ist-Zustand unseres Wohlstandes, so erhalten wir gleich ein viel positiveres Bild. Wir müssen nur wünschen, dass alles so weiter läuft, wie es bisher ging, dann bleibt alles gut.

Aber ernsthaft: Die größte Unsicherheit besteht für mich in der Veränderung unseres intellektuellen Verhaltens durch Existenz und Einfluss des "Netzes". Ich kann die Auswirkungen nicht wirklich abschätzen, aber ich sehe die Kinder mit den Smartphones in der Hand, in Stadt und Land, in Deutschland und in Afrika und überall. Ich sehe die Verschiebung ihrer Interessen hin zu Themen, von denen ich wenig verstehe, die ich aber für nebensächlich halte (ein Fehler?), ich sehe, wie die Allgemeinbildung meiner Enkel stagniert, wie ihr Interesse an Natur, Wissenschaft und Politik schwindet.

Für mich ist auch bedeutsam, dass wir wichtig von unwichtig nicht mehr gut unterscheiden können. Es macht uns nichts aus, wenn alle Neuerungen aus dem Ausland kommen, solange es uns nur gut geht. Aber andererseits scheint es vielen so ungeheuer wichtig, dass Wölfe unsere Wälder durchstreichen, dass Hühner nicht in Batterien leben und Mastschweine den Himmel sehen! Dieses Problem allerdings wird sich lösen, wenn es uns Menschen gelingt (die Chinesen werden es innovativ bald schaffen), Nahrung synthetisch herzustellen - Synthogrütze. Dann brauchen wir Haustiere als Proteinquellen nicht mehr. Sie werden abgeschafft. Synthogrütze kann durch formende Zusatzstoffe und natur-identische Aromastoffe jedes Aussehen und jeden Geschmack annehmen, Hühnchenschenkel oder Brokkoli. Dann endlich können Fleischliebhaber und Veganer (bis auf das formende Promille) das Gleiche essen.

Zuchtziele:
Gern wäre ich Biologe geworden,
Genetiker, um meine Wunschträume als Kind zu erfüllen.
Gern hätte ich ein Buch über Zuchtziele geschrieben,
doch leider reichte es nur zu diesem Gedicht

Ich baue mir eine Maus

Ich baue mir eine Maus.
Nein, nein, nicht aus Leder oder Plüsch!
Vielmehr aus Genen und Proteinen,
eine richtig lebendige Maus!
Ich bin ein Mikrobiologe
und verstehe ausreichend viel von Gentechnik.
In der Uni habe ich ein Labor.
Die Maus soll ein paar interessante Eigenschaften haben,
zum Beispiel könnte ihre Haut fluoreszieren,
wenn sie Sprengstoff riecht.
Sie wäre dann in Flughäfen nützlich.

Die Maus wäre aber nur eine Übung.
Wenn sie lebt und funktioniert,
baue ich mir eine Kuh.
Aber das wird etwas ganz Neues.
Es wird eine Kuh ohne Kopf, Beine und Schwanz,
ohne Haut und Knochen.
Nur die Mägen bleiben und das Euter,
dazu ein Blutkreislauf mit Kiemen
und ein starkes Immunsystem.

Diese Kuh ist kein gewöhnliches Tier mehr,
sie hat ja nur noch ein rudimentäres Nervensystem.
Man muss sie eher als Milchmaschine ansehen.
Nach der „Geburt" wird sie in einen Glasbehälter eingesetzt,
der vier Löcher hat.
In das größte Loch wird täglich Gras gesteckt,
aus dem wichtigsten Loch tröpfelt die Milch,
aus dem dritten fallen quaderförmige Düngerziegel,
und aus dem letzten hängen die Kiemen ins Wasser.
Der Blutkreislauf
wird durch eine kleine elektrische Pumpe angetrieben.
Weil das „Ding" kein Tier ist, sondern eher eine Maschine,
ist die Milch vegan, der Dünger auch.
Die Tierschützer können mir nicht vorwerfen,
dass ich die Maschine nicht artgerecht halte.
Ob ich damit auf Dauer
die Milch billiger produzieren kann,
weiß ich noch nicht, ist aber auch egal.
Auf jeden Fall wird es mir großen Spaß bereiten,
das Ding zu bauen!

Januar 2017

Ehe für alle
Juli 2017

Sandra wünscht sich schon lange, ihren Hund heiraten zu dürfen. Natürlich weiß sie, dies ist ein unmöglicher Wunsch. Aber - der Wunsch ist eben da. Es ist nicht bloß, weil ihr Hund "Moschus" so gut riecht, sie fühlt eine wirkliche und tiefe Liebe zu ihm. Nie - glaubt sie - könnte sie eine solche Liebe zu einem Menschen empfinden. Für sie ist eine Ehe etwas für Liebende, sie muss nicht in erster Linie der Erzeugung menschlicher Kinder dienen. Deshalb war sie auch äußerst zufrieden, als endlich der Bundestag im Juni 2017 die "Ehe für alle" beschloss. Das war natürlich noch nicht "die" Ehe für alle, die Sandra sich wünschte, aber immerhin ein erster Schritt auf dem Weg dahin, denn die Öffnung der uralten Institution "Ehe" für homosexuelle Paare bedeutet ihre Befreiung von der versteckten Pflicht zur Reproduktion.

Bisher war die Ehe eben doch als "Bio-Ehe" gedacht: Ein Mann und eine Frau versprechen sich gegenseitig, ewig zueinander zu halten und dabei eheliche Pflichten auszuüben, die in aller Regel zur Zeugung von Kindern führen. Für die nachfolgende Aufzucht der Kinder ist die Dauerhaftigkeit der Beziehung nötig und sinnvoll. Die Verbriefung im Kirchenbuch und im Standesamt erschwert die Scheidung und festigt so das Bündnis zum Nutzen der Kinder. Und Liebe zwischen den Ehegatten ist auch nützlich, sie erleichtert ihnen, länger beieinander zu bleiben. Dadurch wird einerseits die Kinderzeugung erfolgreicher und andererseits wird die Last ihrer Erziehung nicht so drückend, sondern eher zur Gewohnheit. So war es jedenfalls beabsichtigt.

Und so war es früher wohl auch, aber die Welt hat sich doch sehr geändert! Für Sandra und viele andere Menschen ist heute die Liebe das Wichtigste, viel wichtiger, als Zeugung, Kinder, Erziehung und Treue. Deshalb - so meint sie - sollte heute eine Ehe vor allem einer großen Liebe Ausdruck und Festigkeit geben, das soll im Vordergrund stehen, nicht die überkommenen und überholten Aufgaben. Und Sandra liebt ihren Hund "Moschus" über alles, und er sie offenbar auch. Sie kann sich nicht vorstellen, dass jemals ein Mensch sie so lieben wird, denn sie hat eine hässliche Verwachsung im Hüftbereich. Andere Leute können nur sehen, dass sie etwas hinkt, aber im Schwimmbad oder gar nackt würde sie sich nie zeigen wollen. In der Schulzeit und im Studium hatte sie wegen ihrer Unansehnlichkeit oft Ausgrenzung erleben müssen. Nach zwei Jahren brach sie ihr Informatik-Studium ab, unter anderem, weil sie empfand, dass ihre Studienkollegen sie quasi nicht wahrnahmen. Eine kleine Erbschaft ermöglicht ihr, mit "Moschus" frei von Verpflichtungen zu leben und ihren Interessen nachzugehen, und dazu gehört Arbeit und Forschung am Computer.

Sandra grübelt auch gern und versucht, sich eine zukünftige Welt vorzustellen und auszumalen. Wie wird sich die Öffnung der Ehe hin zu einer wirklichen "Ehe für alle" weiter gestalten? Nachdem nun gleichgeschlechtliche Menschen endlich heiraten dürfen, ist die Ehe von der menschlichen Reproduktion abgekoppelt. Folglich ergibt das Verbot von Ehen zwischen Verwandten keinen Sinn mehr, es wird in einem nächsten Schritt fallen. Dieses Verbot sollte degenerierte Nachkommen verhindern, aber Nachkommen sind nicht mehr Zweck der Ehe, und ohnehin lassen sie sich heute leicht vermeiden. Danach sind in weiteren Schritten Ehen zu dritt denkbar, und später könnte es auch Ehen zwischen Mensch und Nichtmensch geben. Aber das ist noch weit weg, und Moschus wird es nicht erleben.

Gern sieht sich Sandra in Kreisen um, die die Ehe noch weiter öffnen wollen. Dabei lernt sie das Zwillingspaar Kaiser kennen, denen ihre humorvolle Mutter die Namen Franz und Josef verliehen hat. Selbst nennen sich die beiden lieber Castor und Pollux nach dem berühmten altgriechischen Zwillingspaar, denn sie haben - genetisch nachgewiesen - wie diese verschiedene Väter. Die unverheiratete Mutter hatte offenbar mehrere Liebhaber gleichzeitig und gibt das auch lachend zu. Die beiden Zwillinge sind äußerlich sehr verschieden, aber sie lieben einander innig und wollen unbedingt heiraten. Dazu geht aber die im Juni 2017 beschlossene Öffnung der Ehe nicht weit genug. Deshalb gründeten Castor und Pollux gleich danach die "Initiative für die neue Ehe für alle", der sich bald ganz verschiedene heiratswillige Individuen, Gruppen und Paare anschlossen, denen die Heirat aus unterschiedlichsten Gründen noch verweigert wird. Die Zwillinge sind aktiv und unternehmungslustig, dazu intelligent und schlagfertig, und ihre "Initiative" wurde schnell bekannt und erfolgreich.

Das erste heiratswillige Tripel, das Sandra kennenlernte, besteht aus zwei junge Frauen und einem großen schönen jungen Mann, namens Jesus, einem Spanier. Die Frauen sind eineiige Zwillinge, und sie bemühen sich durch Kleidung und Kosmetik zusätzlich um Ununterscheidbarkeit. Jesus will oder kann sich nicht zwischen Julia und Romy entscheiden, und von den beiden kann oder will keine verzichten. Alle drei wünschen sich brennend eine Ehe zu dritt. Das Standesamt riet ihnen zu einer pragmatischen Lösung, Jesus möge eine auswählen, notfalls per Los, und dann könnten die drei ja zusammen leben wie sie wollten. Aber genau das wünschen sie nicht! Es geht gar nicht ums pragmatische Zusammenleben, darum geht es bei Ehen ohnehin selten. Es geht um Liebe und um das Recht, die Zusammengehörigkeit auch zu bezeugen und in das Ehe-Register eintragen zu lassen und dann auch demonstrativ zu zeigen.

Nach Meinung vieler in der "Initiative" von Castor und Pollux soll die Ehe zu dritt unbedingt bald erlaubt werden. Das wäre die nächste Stufe der Öffnung. Biologisch ist das Verbot einer Dreier-Ehe ohnehin sinnlos, und sozial auch, denn oft genug wird sie faktisch, wenn auch nicht legitimiert, erfolgreich praktiziert. Das ist allen schnell klar, als sich Jerome mit seinen beiden Frauen Sheila und Lara der "Initiative" anschließt. Jerome ist schon seit 20 Jahre mit Sheila verheiratet, konnte mit ihr aber keine Kinder bekommen. Deshalb suchte und fand Sheila für ihn die viel jüngere Lara als zweite Frau, mit der er in kurzer Zeit drei Kinder zeugte, die Sheila alle liebevoll annahm. Wieso also darf Jerome Lara, die Mutter seiner Kinder, nicht zusätzlich zu Sheila heiraten? Diese hätte es gern gesehen.

Ganz anders und ganz neu und viel provokativer wären dagegen Ehen zwischen Mensch und Nichtmensch. Es wird sicherlich noch eine Weile dauern, ehe so etwas akzeptiert wird. Für Moschus würde die entsprechende Weiterentwicklung der "Ehe für alle" auf jeden Fall zu langsam erfolgen. Sandra wird ihren Hund nie heiraten können, denn der lebt einfach nicht lange genug. Aber als Computerfreak weiß sie besser als die meisten, dass in Zukunft von ganz anderer Seite der Druck auf die klassische Ehe wachsen wird: Roboter werden immer menschenähnlicher und bald kaum noch von Menschen zu unterscheiden sein. Dann wird es immer schwieriger, Gründe zu finden, weshalb jemand nicht seinen Lieblingsroboter heiraten sollte. Man muss nur wenig in die Zukunft denken, um die Ehe mit einem Roboter als durchaus sinnvoll zu erkennen. Sandra jedenfalls kann sich gut vorstellen, einen kluger Roboter mit Individualität zu lieben! Roboter der Zukunft sind nicht hart und dumm, sie sind nicht stur und fest programmiert. Vielmehr ist der Roboterfreund durchaus weich und körperwarm (auf das Zehntelgrad einstellbar), und anpassungsfähig und sogar lernfähig!

Wenn Ehen zwischen Mensch und Roboter erst einmal erlaubt sind, ist es nur noch ein kleiner Schritt zur Ehe mit einem Hund. Doch die wäre dann kaum noch attraktiv, weil es vielseitige und vielfältige Roboter preiswert für jeden Geschmack gäbe, zum Beispiel auch in Hundegestalt. Das Problem mit den menschenähnlichen Robotern ist nicht ihr Aussehen oder die Intelligenz, es ist die Individualität. Roboter sind immer vernetzt, sind somit immer irgendwie Teil des weltweit verbundenen Computernetzes, aus dem sie den Großteil ihres Wissens beziehen, und das sie durch Weitergabe ihrer Erfahrungen bereichern. Nur körperlich sind sie Individuen. Auch wenn Dein persönlicher Roboterfreund es verspricht, nie kannst Du sicher sein, dass er nicht die sehr privaten Erfahrungen mit Dir an alle Roboter ins Netz weiter gibt. Aber wenn Dir das nichts ausmacht oder wenn Du nicht darüber nachdenken willst, dann kann ein Roboter wohl der beste Ehe-Geselle sein, den Du Dir wünschen kannst. Kein Mensch kann so gut lügen wie ein Roboter, er kann Deine Wünsche erraten und Dir unwiderstehlich das Gefühl geben, dass er Dich heiß liebt, und Du wirst ihn deswegen mögen.

Auch wenn die Ehe zwischen Mensch und Roboter allgemein akzeptiert sein wird, es werden sicherlich immer offene Problemfälle bleiben. Könnte es Ehen zu viert oder zu fünft geben? Der "Initiative für die neue Ehe für alle" gehört zum Beispiel ein Streichquartett an (eine Cellistin und drei männliche Musiker), die unbedingt heiraten wollen. Auch gibt es in der "Initiative" mehr als einen Adonis, der sich selbst heiraten möchte, und nicht nur um Steuern zu sparen. Er liebt sich wirklich! Und was wäre, wenn im Extremfall eine Mutter ihre Kinder heiraten möchte, oder eine Enkelin ihren Großvater?

Seit Kurzem wird in der "Initiative" viel darüber diskutiert, ob man nicht nach der völligen Öffnung der "Ehe für alle" die alte Bio-Ehe als Spezialfall wieder unter besonderen Schutz stellen sollte, denn sie hat ja durchaus noch immer ihren Sinn und eine wichtige Funktion. Diese erlischt erst in einer fernen Zukunft, in der - wie in Huxley's "Schönen Neuen Welt" - die meisten Kinder in künstlichen Gebärmüttern heranwachsen.

Aber diese Diskussion ist für Sandra wenig interessant. Viel wichtiger ist die überraschende positive Wendung in ihrem Leben, die ihr gealterter Hund "Moschus" initiierte. Er entwickelte plötzlich eine tiefe und unübersehbare Zuneigung zu einem Bernhardiner namens "Maya", den er jeden Tag beim Spaziergang trifft. Ganz unerwartet überträgt sich diese Liebe auch auf die Besitzer der Hunde. Ich verrate aber nicht, was für eine Art Frauchen oder Herrchen "Maya" hat. Jedenfalls kommt es zu einem äußerst glücklichen Happy End mit Heirat für Sandra.

Der Mensch und sein Gehirn

Denken und Fühlen

Gedanken belehren,
Gefühle erklären.

Grübeln erschwert
was Fühlen erklärt.

Gefühle verstehen,
was Augen nicht sehen,
was Ohren nicht hören,
was Gedanken erschweren.

Wenn wir mit Gedanken spielen,
dürfen wir uns nicht verirren.
Dinge, die das Hirn verwirren,
kann das Herz präzise fühlen.

Mai 10

Über das Denken
September 2006

Ich denke. Das heißt, ich mache mir ein Bild von der Welt, und ich kann mit Euch darüber kommunizieren. Ich komme selbst darin vor, und Ihr auch und Eure Bilder von der Welt.

Wenn es nicht ganz daneben ist, erweist sich so ein Bild von der Welt als nützliche Sache. Es erlaubt uns, Pläne zu schmieden und Vorhersagen zu machen. Damit ist es ein schlagkräftiges Hilfsmittel im Überlebenskampf. So war es während der Evolution des Menschen, als es darum ging, Beutetiere zu überlisten und Räubern auszuweichen. So ist es auch heute, obwohl das Überleben physisch leichter wurde. Der Kampf hat sich auf eine andere Ebene verlagert, auf die Papierebene, auf Steuererklärungen und Formulare. Denken muss heute weniger autonom sein als früher, dafür mehr adaptiv.

Alle machen sich Bilder von der Welt, und da wir darüber kommunizieren können, gleichen diese sich in vielen Aspekten einander an. Wir müssen nicht von vorn anfangen, um ein eigenes Bild der Welt zu basteln. Das ist sehr hilfreich, hat aber auch seine Schattenseiten, wie wir gleich sehen werden.

Die Kommunikation ermöglicht die Existenz von kollektiven Weltbildern, die neben den privaten bestehen. Heute werden die kollektiven Bilder materiell in Büchern und auf Computerfiles gespeichert. Aber es reicht aus, wenn genügend große Splitter eines solchen kollektiven Bildes in genügend vielen denkenden Menschen verankert werden und eine Kultur der Überlieferung existiert. Das private Bild ist in der Regel viel weniger umfangreich, denn man muss ja nicht alles wissen, um erfolgreich durchs Leben zu gleiten. Dafür weiß es viel über uns selbst, unsere Freunde und

Bekannte, ihre Eigenheiten, Fehler und Vorzüge. Das sind Fakten, die nicht in ein kollektives Bild gehören. Aber was enthalten diese dann?

Wir können verschiedene Typen von kollektiven Weltbildern unterscheiden. Drei Typen sind bedeutsam: Wissenschaften, Religionen und Ideologien oder Moden. Die Wissenschaften gruppieren sich um den Kern, der aus Naturwissenschaften und Mathematik besteht. Im Umfeld liegen Ökonomie, Geschichte, Sprachwissenschaften und viele andere Gebiete, im äußeren Halo auch die Philosophie. In das Weltbild „Wissenschaften" wird möglichst nur gesichertes und unpersönliches Wissen aufgenommen. Kühne Denkbilder Einzelner müssen sich erst als würdig erweisen, deshalb ist der Halo und das Umfeld sozusagen als Fegefeuer nötig. Ein philosophisches Denkgebäude, das den Menschen und seine Existenz erklären will, hat es dabei natürlich viel schwerer, als experimentell nachprüfbare Formeln über so einfache Dinge wie Atome und Planetenbahnen.

Religionen sind Weltbilder mit einem Heilversprechen, die sich gerade durch dieses in viele private Weltbilder einnisten. Moden und Ideologien sind vergängliche Weltbilder mit oft kurzer Lebensdauer, deren Attraktivität im Einsparen von autonomen Denken besteht. Wenn man eine Kohärenz zum privaten Bild erkennt, lassen sich mit einem Mode-Bild oder einer Ideologie Löcher im eigenen Weltbild kleistern, man fühlt sich einer Gruppe Gleichgesinnter zugehörig und nicht mehr allein.

Die existierenden Weltbilder, schlicht oder komplex, bieten sich permanent an. Es geschieht durch die direkte oder indirekte Kommunikation, unsere Medien transportieren sie. Früher war es der Pfarrer, der Lehrer, der Stammtisch, die Buchhandlung. Heute ist es die Kombination aus bequemem Fernsehsessel mit Bierflaschenhalter und Bildschirm. Man muss nur noch wenig selbst denken, und es ist alles andere als einfach, seine Autonomie zu bewahren. Dabei ist das eigene Denken doch etwas Wunderbares.

Ich denke. Schon indem ich diesen Satz als unbezweifelbares Axiom voranstelle, befreie ich mich von der Last dreitausendjähriger Philosophiegeschichte. Ein Philosoph stellt das „Ich" in Frage, der nächste das „Denken", der dritte restauriert die Begriffe wieder. So kommen sie nie über das Halo der Wissenschaften hinaus und dem Kern näher, aber sie weben ein bewundernswertes Netz von Denkmöglichkeiten, das ich trotzdem ignoriere. Ich denke selbst und stelle mich dabei auf den festen Felsen der Ignoranz, der mich davor schützt, eine These nachzuplappern oder ins Gegenteil zu verkehren. Da im Fokus meines Denkens hier die Beziehung zwischen den kollektiven und privaten Weltbildern liegt, möchte ich mir viel Autonomie erhalten.

Die Welt ändert „sich". Was ändert die Welt? Wir Menschen ändern sie, denn wir können ja nicht nur denken, sondern auch handeln, wobei unsere Bilder von der Welt die Leitlinien vorgeben. Wir können nicht nur denken und handeln, sondern auch Glück empfinden. Größtes Glück für viele von uns liegt im kreativen Denken und im kreativen Handeln. Wir können sogar uns selbst beeinflussen, indem wir unsere Ansicht von der Welt ändern. Für den Fortgang der Geschichte sorgten oft Einzelne, geleitet von ihren besonders ausgeprägten Weltbildern, getrieben von ihrer überschäumenden Aktivität. Dabei waren die privaten Weltbilder natürlich durch die jeweils existierenden kollektiven geprägt. Es ist nicht klug und nicht möglich, sich von ihnen völlig unabhängig zu machen, aber nur ein hoher Grad von Autonomie im Denken führt zu Veränderungen. Eine andere Quelle für „Fortschritt" liegt in der Wissenschaft, die ermöglicht, neue Maschinen zu bauen, die uns körperliche Arbeit abnehmen, und Computer, von denen wir uns teilweise das Denken abnehmen lassen.

Wissenschaft ist das große Bild von der Welt. Sie durchdringt heute alles und dominiert die Welt. Durch Beitrag vieler wird sie ständig ausgebaut und hat eine ungeheuere Komplexität erreicht. Wir akzeptieren inzwischen als selbstverständlich, dass sie als Ganzes das Fassungsvermögen jedes Einzelnen bei weitem übersteigt und jeder Wissenschaftler fast immer nur Bausteinchen zurechtrücken oder hinzufügen kann. Aristoteles konnte sie vielleicht zu seiner Zeit noch ganz überschauen, er hat sie durch Aufschreiben seiner und Anderer Erkenntnisse sogar im gewissen Sinne „erschaffen". Newton wusste und schuf auch noch große Teile dieses Weltbildes, das damals aber noch nicht die Rigorosität von heute hatte. Alchemie gehörte zum Beispiel dazu, ehe diese Teilwissenschaft durch die Chemie abgelöst wurde. Von anderen kollektiven Weltbildern hebt sich Wissenschaft dadurch ab, dass konsequent Subjektives ausgeschlossen wird: Also ich und Du und unsere Gefühle werden nicht aufgenommen. Im Ganzen ist das wissenschaftliche Weltbild relativ gesichert, wenn auch durchaus veränderbar. Im Gegensatz dazu kann ein privates Weltbild absichtliche „Fehler" enthalten (Selbstbetrug), um Unglück zu reduzieren oder Glück zu vertiefen.

Alternative kollektive Weltbilder existieren vielfältig. Sie sind nicht so zimperlich bezüglich Subjektivität, vielmehr tun sie gut daran, eine subjektive Komponente zu enthalten, um in Konkurrenz zu den Wissenschaften bestehen zu können. Religionen berühren den einzelnen Menschen. Sie fügen sich auf subtile Weise in sein privates Weltbild ein. Dazu benötigen sie eine Art Kralle, um sich darin festzukrallen. Diese Kralle ist ein Heilversprechen für den Einzelnen, das ganz unterschiedlich sein kann: Ewiges Leben nach dem Tod, Nirwana oder die Aussicht, nicht als

Hund oder Wurm wiedergeboren werden zu müssen, das Ausbleiben von Qual und Strafe bei Wohlverhalten, oder einfach Trost in schlimmen Stunden. Der Glaube an ein Heilversprechen kann durchaus ein „nützliches" Element im eigenen Weltbild sein. Er kann Schwache stabilisieren und Notsituationen erträglicher machen und Faustregeln (Gebote) für praktisches Handeln liefern, die man nicht reflektieren muss und in Frage stellen darf. Wenn ein privates Weltbild glückbringende „Fehler" enthalten kann, warum nicht auch ein Stückchen praktisch hilfreiche Religion!

Die Kralle, das Heilversprechen, ist ein faszinierender Mechanismus. Im weitesten Sinne kann man solche Weltbilder mit Kralle als parasitär bezeichnen. Eine Religion schleicht sich in Dein Weltbild, in der Kindheit meistens wird der Anker darin befestigt, wenn das private Bild noch nicht ausgeprägt oder die Autonomie des Denkens noch zu schwach ist. Es ist dann schwer, später einen Glauben wieder loszuwerden. Trotzdem ist es erstaunlich, wie sich in den privaten Weltbildern ein so absurder Glaube hält, wie der an einen Gott, dem Du nicht gleichgültig bist, der sich gar um Dich „kümmert"! Der gleiche Gott schaut auf Mordopfer und Mörder, er rechnet Dir Deine kleinen und großen Sünden an und später ab. Wenn Du nur an ihn glaubst, schickt er Dir Schutzengel, oder er belohnt Dich mit 77 Jungfrauen, wenn Du Dich und 30 Unschuldige in die Luft sprengst. Ein schwaches Selbstwertgefühl wird wohl gesteigert, wenn da „jemand" ist, der wahrnimmt, was man tut. Wenn es den hehren Zuschauer nicht gibt, muss man ihn eben erdenken, also durch Denken erschaffen! Schon Lichtenberg wusste: „Gott schuf den Menschen nach seinem Bilde, sagt die Bibel. Die Philosophen machen es gerade umgekehrt, sie schaffen Gott nach dem ihrigen." Wenige sind in ihrem Denken autonom genug, um die Religion ihrer Kindheit ganz aus dem eigenen Weltbild zu verbannen. Der Anker des Heilversprechens sitzt tief, wer gibt schon gern eine Art Rückversicherung auf, die nicht viel kostet?

Schon die Tatsache, dass viele Religionen koexistieren und jede sich als die Richtige ausgibt und andere mit Kriegen überzieht, muss den autonomen Denker von der Kralle frei machen, die man mit der Muttermilch gesetzt bekam. In meinem Falle folgte die Befreiung schrittweise. Meine Mutter sagte gern: „Hilf Dir selbst, dann hilft Dir Gott". Ich wollte es logisch klarer: Hilft Dir dann Gott gewiss oder nur vielleicht und unter welchen Umständen? Ich übersetzte es schließlich in die Gott-losen Regeln: „Lass Dich nicht hängen" und „Verlass Dich nicht auf einen Gott". Später war ich tief von meinem Großvater beeindruckt, von seinem gütigen, toleranten Wesen, und vom Kontrast zu seiner Frau, einer keifenden, bigotten Alten, die beim Tischgebet zugleich mit dem letzten Wort der Litanei den ersten Löffel Suppe im Mund hatte. Indem ich in ihm ein Vorbild sah, wurde mir klar, dass ich meine ethischen Regeln selbst setzen kann, also ohne Gebote eines Gottes unreflektiert zu übernehmen. Natürlich erkenne ich an, dass das nicht jedermanns Sache ist. Regeln für ein sinnvolles, friedliches und glückliches Zusammenleben in einer Gemeinschaft sind wohl viel einfacher durch falsche Heilsversprechen und Drohungen (Himmel und Hölle) durchzusetzen, als auf autonome Einsicht ihrer Mitglieder zu hoffen.

Religionsführer sind oft extrem kluge Leute, die versuchen, logische Ungereimtheiten im speziellen kollektiven Weltbild, das sie vertreten müssen, zu beseitigen. Sie müssen Gründe suchen, um sagen zu können: „Mein Glaube ist richtig, Deiner falsch." Das erzwingt den Versuch, Vernunft und Religion zu vereinbaren. Das ist eine Gigantenaufgabe, das Gegenstück einer Religionsgründung, denn es zerstört die Religion. Wenn sich alle großen Religionen durch Vernunft annähern würden, bliebe nur noch als Unterschied, an wen die Gläubigen die Kirchensteuer zu zahlen hätten. Die „Inhalte", die unhaltbaren Heilversprechen und die teuren Brimborien, die Religionen unterscheiden und sie für den schlichten Geist so attraktiv machen, und das Bekämpfen der anderen Religionen würden weitgehend wegfallen. Deshalb überleben unvernünftige und intolerante Religionen besser. Sie sprießen parasitär auf der fruchtbaren Weide der weniger rational denkenden Hirne.

Es macht nicht immer glücklich sondern ist oft mühsam, an einem Modell der Welt zu basteln, an das man selbst glauben kann, das man also für „richtig" hält. Aber wir sind ja in der Lage, uns selbst zu betrügen und manches, was wir nicht wahr haben wollen, einfach auszublenden, nicht zu sehen. Eine wunderbare Möglichkeit besteht darin, Traumwelten zu basteln. Schriftsteller tun das – Thomas Mann erfindet die Welt des Zauberbergs, Tolkien den Herrn der Ringe in Mittelerde. Wir können uns für kurze Zeit in solche Traumwelten zurückziehen. Auch das Spielen besteht oft im Ausprobieren von einfachen denkbaren Weltbildern, die man selbst erschafft. Kinder tun es auf natürliche Weise, sie fügen Teile ihrer Spielwelten als nützliche Erweiterungen in ihr beständig wachsendes Weltbild ein. Ich selbst erfinde gern mathematische Modelle, die gewisse Teile der Realität nachbilden. Mit ihnen "erkläre" ich das Funktionieren von gewissen Ökosystemen, von hormonalen Systemen, von Ameisenhaufen und vielen anderen interessanten Dingen. Meine Modelle sind Elemente einer Spielwelt. Ich bleibe in dieser Beziehung Kind und füge meine Spielwelten dem kollektiven Weltbild Wissenschaft zu, wenn sie passen und etwas bisher Unverstandenes erleuchten. Ich kann einen ganz besonderen Glücksgewinn daraus ziehen, so ein künstliches Modell, ein Modell einer erdachten Welt zu erzeugen.

Der Wissenschaft kann man heute nicht mehr entkommen. Ihre Autorität ist gewaltig. Aber dennoch leben andere Weltbilder in unserem Denken, die zu ihr im Widerspruch stehen, auch in meinem Geist. Ich erlaube mir gern diesen Luxus „Zwiedenk". Gerade losgekommen von den parasitären Weltbildern der Religion wünsche ich mir schon eine „Nebenwelt", in der die Wissenschaft nicht die allumfassende Macht darstellt, eine Welt, in der Magie oder Ähnliches wenigstens gelegentlich möglich ist. Viele Menschen flüchten gern in solche Welten (Harry Potter) und werden beim Zuklappen des Buches brutal daran erinnert, dass ihr Werktags-Weltbild sehr viel nüchterner und ungefälliger, aber zur Bewältigung der Realität weit geeigneter ist.

Es gibt diese anderen Welten vielleicht. In der traditionellen chinesischen Medizin wird ein Bild des menschlichen Körpers entworfen und ausgearbeitet, das so ganz anders funktioniert als das wissenschaftliche Weltbild mit Insulin und Östrogen, mit Hypophysen-Releasing-Faktoren und Helicobakterien in den Magenschleimhäuten. Im chinesischen Menschenbild fließt „Energie" entlang von Meridianen, die anatomisch nicht feststellbar sind, oder sie staut sich darin. Die Reizung kritischer Punkte mit Nadeln reguliert und korrigiert den Energiefluss. Hitze und Kälte sind nicht in Grad zu messen, aber in bestimmten Gewürzen enthalten. Aus diesem Bild folgen Heilmethoden und Verhaltensweisen, die der Gesundheit dienen. Aha! Da ist das Heilversprechen, das die Religionen als Weltbilder so auszeichnet, die Kralle, mit der es sich im privaten Weltbild festkrallt. Und ich falle darauf herein, oder? Diese Frage habe ich mir intensiv gestellt, und nun bin ich überzeugt, dass die Faszination der chinesischen Medizin für mich nicht im Heilversprechen liegt (ich habe sie gar nicht ausprobiert und Angst vor Nadeln), sondern vielmehr in der Konstruktion eines alternativen konsistenten Menschenbildes. Es ist ein intellektuelles Vergnügen, dieses Bild zu analysieren und nach Widersprüchen und Unvollkommenheiten zu suchen. Es ist wie mit meinen mathematischen Modellen: So könnte es sein, wenn Konsistenz des Bildes das oberste Prinzip wäre und nicht der Test an der Realität. Das Pentagramm aus Holz-Feuer-Erde-Metall-Wasser mit den charakteristischen Abhängigkeiten (A bringt B hervor und kontrolliert C) ist ein Bild von logischer Schönheit, und weniger von wissenschaftlicher Belastbarkeit.

Das ist ganz anders als das ungelichtete Gestrüpp von Glaubenssätze in den Religionen, die man nicht lichten darf, wenn etwas übrig bleiben soll. Wie schon erwähnt, finde ich den Gedanken an einen Gott, dem der Einzelne nicht gleichgültig ist, als absurde Zumutung. Ich kann mich gar nicht so wichtig nehmen, von einem „höheren" Wesen neben Milliarden anderer beachtet zu werden, das außerdem meine Gott-rebellischen Gedanken ebenso ohne Reaktion hinnimmt wie die Ermordung von Kindern durch Sexualverbrecher oder das Anzetteln von Kriegen mit Millionen Unglücklichen und Toten. Das Schicksal Einzelner (und auch der Menschheit) ist ihm offenbar schlicht egal, und damit ist er kein Gott für Menschen mehr, sondern nur noch ein Platzhalter für Unerklärtes, was wir gern Unerklärliches nennen. Dieser an uns desinteressierte Gott schläft vielleicht (nach Abschluss seiner Arbeit Schöpfung), oder er grübelt an seinem Äquivalent für Schreibtisch über dem nächsten Weltentwurf. Einen solchen Gott braucht man nicht und muss ihn nicht preisen. Aber warum soll es ihn nicht geben? Wie Lichtenberg wusste, wir schaffen ihn durch unser Denken. Und dann existiert er in Form eines kollektiven Weltbildes genau so, wie ausreichend viele ihn haben wollen. Es „gibt" ihn dann zwar nicht in der wirklichen Welt, aber eben im kollektiven und in den angepassten privaten Weltbildern.

Das von mir so hoch gelobte wissenschaftliche Weltbild (ohne Heilversprechen und so objektiv wie nur möglich) ist natürlich auch nicht die Wirklichkeit selbst, sondern besteht aus einem bunten Konglomerat von Ideen, die aufeinander in logischer Weise aufbauen, mit offenen Enden der Gedankenketten, mit Baustellen und erhabenen Trümmerhaufen von gewaltigen Zusammenbrüchen früherer Gebäudeteile. Wir Wissenschaftler lieben dieses Weltbild trotz seiner Unzulänglichkeit und gerade wegen seiner Unfertigkeit, wir verehren es in lockerer, selbstironischer Weise. Es gibt uns Arbeit und Genuss bei Erfolg unserer Arbeit. Die unüberschaubare Komplexität des wissenschaftlichen Weltbildes lässt manchen Wissenschaftler befürchten, dass die Realität „verquer" ist, verquerer als wir uns vorstellen können. So bezeichnet der Mathematiker Peter Woit die Stringtheorie (eine moderne kosmologische „theory of everything") als „nicht einmal falsch", eventuell um neben richtig und falsch eine neue Kategorie „verrückt" einzuführen. Und Stephen Hawk stellt als wissenschaftliche Grundfrage: Why is there something and not nothing? Die Wissenschaft ist kein glänzender Monolith sondern fängt mehr und mehr von der "Verquertheit" der realen Welt ein und spiegelt sie wider. Sie ist somit eher ein riesenhafter Schmetterling, schillernd in viele Farben, die sich je nach Standpunkt und Sichtweise ändern.

Wenn das kollektive Weltbild „Wissenschaft" ein Heilversprechen enthält wie die Religionen, mit dem es sich in uns Wissenschaftlern festkrallt, dann ist es sehr subtil. Etwa in der Weise: Baue an mir weiter, dann macht Dir der gefundene Puzzlestein kindliche Freude! Oder: Du darfst Deinen Intellekt, Deine Fähigkeiten, Deine Phantasie nutzen und das Glück der Kreativität genießen. Damit entdecken wir, dass ein wesentlicher Antrieb für die Evolution des Denkens neben der Verbesserung der Überlebenschancen einfach das Lustprinzip ist – fast wie beim Sex. Es lässt uns weiter an den Denkgebäuden basteln, auch wenn wir schon ganz bequem überleben. Wir Wissenschaftler sind infiziert mit dem unstillbaren Wunsch, die Welt trotz ihrer Verquertheit zu „verstehen".

Es ist gar nicht nötig, dass alle Menschen Freude am Denken haben, um die Wissenschaft blühen zu lassen. Wenige genügen, solange sie nicht von Anhängern alternativer kollektiver Weltbilder wie Religionen und Ideologien erschlagen werden. Eine Religion zu „glauben" erfordert weniger das Denken als den Verzicht darauf. Glauben heißt im Wortsinn, nicht hinterfragen, sondern hinnehmen und wiederkäuen, was vorgekaut wird (Credo). Eine Ausnahme ist vielleicht der Zen-Buddhismus, dessen erster Hauptsatz heißt: Glaube Deinem Lehrer nicht, prüfe seine Thesen durch eigenes Denken und nimm nur an, was Du selbst als einsichtig erkennst.

Musik ist Nahrung fürs Gefühl
Januar 2007

Der Mensch besteht aus drei Teilen: Körper, Verstand und Gefühl. „In einem gesunden Körper wohnt ein gesunder Geist", meinten die Griechen, und fassten offenbar Verstand und Gefühl als Einheit auf. Das sind aber zwei sehr unterschiedliche Dinge, und man versteht viel vom Menschen, wenn man sie trennt. Der Verstand ist neu in der Evolution, und wie ein freches Kind drängt er sich in den Vordergrund. Das Gefühl ist seine nicht immer geduldige Mutter.

Ich unterscheide DAS Gefühl und DIE Gefühle. Jenes ist der Partner des Verstandes, diese sind seine Ausdrucksformen wie Liebe, Angst, Zufriedenheit, Hass, Neid, Eifersucht, um einige der stärksten unter den vielen zu nennen. Es geht in diesem Text nicht um DIE Gefühle, sondern um DAS Gefühl als Helfer, Kontrolleur und Kooperationspartner des Verstandes, oft auch als sein Konkurrent, Herr und Richter. Es hilft, indem es durch Intuition Ansatzpunkte für den Verstand schafft, es kontrolliert, indem es früh vor möglichen Denkfehlern warnt, aber es versucht auch, zu lenken, zu verhindern, zu erzwingen – wie eben der Verstand umgekehrt auch. Im gesunden Geist tobt ein ständig interessanter Kampf um die Dominanz, er balanciert auf dem schmalen Grad der Ausgewogenheit. Aber wehe, durch Eifersucht oder Neid erhält das Gefühl die Oberhand, der Verstand ist dann nur noch sein Werkzeug zur Rache oder Selbstzerstörung!

Das Gefühl ist stark. Der Mensch funktioniert auch ohne viel Verstand, wie ein Schimpanse oder eine Kuh. Er wird dann zwar verlacht von seinen Verstand-beladenen Mitmenschen und kann nicht mithalten, wenn diese ihre „Logik" ausbreiten. Im Gegensatz zu den Gefühlen unterscheidet der Verstand scharf zwischen richtig und falsch, er zergliedert analytisch, fast „digital", wie wir heute sagen. Aber er kann irren. Das Gefühl ist unscharf und integrierend, es erfasst Dinge und Situationen auch jenseits abtrennbarer Einzelheiten ganzheitlich. Damit ist es 1000 Mal schneller als der Verstand, der aus dem komplexen Sinneseindruck die Einzelheiten herausfiltert, wäscht und wieder zusammensetzt, wobei ganz viel unter den Tisch fällt, „Unwichtiges" vielleicht, aber nicht immer. Das verbleibende Bild ist dann einfach, so einfach, wie es der Verstand eben noch mit seinen Methoden bewältigt. Da die Wirklichkeit immer so unendlich kompliziert ist, schafft es der Verstand selten, etwas eindeutig als richtig oder falsch zu klassifizieren, aber er versucht es immer und muss sich doch mit graduellen Zwischenwerten abfinden.

Du triffst einen Fremden, Dein Gefühl sagt „ein Arschloch" oder „den mag ich", in seiner Sprache, die Dein Verstand übersetzt. Er antwortet: „Ich habe noch zu wenig Informationen", wobei er zerpflückte Einzelheiten meint, nicht den integralen Gesamteindruck. Aber er fügt hinzu: „Ich nehme das Gefühlsurteil als Arbeitshypothese, denn ich habe gute Erfahrungen damit gemacht, ihm zu vertrauen". Oder er spart sich das Denken, und nimmt das Gefühlsurteil als Urteil. Die Stärke des Gefühls liegt somit darin, komplexe Situationen, die der Verstand als zunächst undurchschaubar ansieht, schnell mit einer vorläufigen Wertung zu versehen, nicht ja oder nein, aber doch abgestuft positiv oder negativ und farbig, eben nicht leicht in Worte fassbar. Und das Gefühl kann auch irren.

Körper, Verstand und Gefühl kommunizieren im Körper, wobei das Gefühl oft als Mittler zwischen Verstand und Leib agiert. Der Körper hat seine Hormone, Endorphine und den Schmerz, und das Gefühl reagiert darauf. Dieses wiederum hat seine Methoden,

den Willen zu beeinflussen und Gedanken in den Verstand einzuschleusen oder aus ihm zu radieren, um ihn seinen Zwecken zu unterwerfen. Der Verstand kann fast alles aber will oft nicht. Zwischen den Menschen ist die Interaktion auf allen drei Ebenen möglich. Der Verstand erlaubt zwar die effektivste Kommunikation mittels der Sprache. Sogar mit dem Computer kann er kommunizieren. Aber wenn das Gefühl dazwischen funkt, gibt es spannungsgeladene Irrtümer, weil Worte nur sehr unvollkommen Gefühle ausdrücken können. Liebe auf den ersten Blick ist das extremste Beispiel für eine Kommunikation auf der Gefühlsebene. Auch der Körper hat seine „Sprache": Du hast eine Freundin, die liebt Deinen Geruch und Du ihren, und aus den Aktionen und Reaktionen ihres Körpers weiß Deiner, welche Wünsche er ihrem erfüllen sollte.

Der Verstand drängt sich gern vor, um die Kommunikationen auf den anderen Ebenen zu kontrollieren die doch besser unbewusst ablaufen würden. Er kann ihm gelingen, Gefühle vor anderen zu verbergen, oder Schmerz durch Worte schlimmer darzustellen, um Mitleid zu erwecken. Umgekehrt beeinflusst das Gefühl die Worte, die der Verstand sprechen will. Ich kannte eine Freundin, deren Gefühlskomponente war weit überentwickelt im Vergleich zu meiner. Sie log regelmäßig und bemerkte es kaum, weil ihr das Gefühl diktierte, was sie wahr haben wollte. So extrem ist es selten, aber gerade weil der Einfluss des Gefühls auf unseren Verstand in der Regel nur subtil ist, sozusagen subversiv, sind wir gern und fälschlich bereit, die Autonomie des letzteren zu beschwören. In jeder Situation und an jedem Tag kämpfen Gefühl und Verstand um die Vorherrschaft. Im Idealfall ist der Kampf ein freundschaftlicher Wettbewerb, in dem beide zum gemeinsamen Nutzen kooperativ arbeiten. Wir gewinnen sehr viel, wenn wir bereit sind, unser rationales Denken ohne Scheu durch Gefühle zu erweitern. Um ein Bild zu gebrauchen: Gefühle bringen Farbe in die schwarz-weiße rationale Welt. Gefühle ermöglichen Kategorien im Erleben, die der Verstand nur abstrakt erkennt, indem er Worte und Begriffe dafür erfindet. Er weiß und akzeptiert, dass es sie gibt, aber rational erklären, bewältigen und beherrschen kann er sie nicht vollständig. Gefühl schafft eine neue Dimension. Während der Verstand „richtig" und „falsch" unterscheidet (und über die Konstruktion von Wahrscheinlichkeiten auch Abstufungen dazwischen), fügt das Gefühl den Dingen eine „Qualität" hinzu, sagen wir „gut" oder „schlecht", auch „positiv" oder „negativ". Dabei ist „gut" nicht im moralischen Sinn gemeint, sondern eben als Merkmal der Gefühlsqualität.

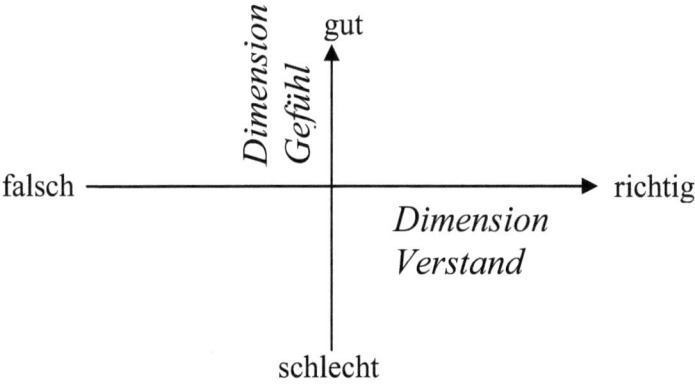

Gut und richtig sind nicht deckungsgleich, ebenso wenig wie falsch und schlecht. Es gibt gut erzählte Geschichten, Lügen mit den besten Absichten, böse, verletzende Wahrheiten, die besser nie gesagt würden, und Luftschlösser sollten nicht zerstört werden. Man kann leicht und schnell für jede Kombination der Gefühl-Verstand-Wertung Situationen erdenken oder Fabeln erfinden.

Das Gefühl braucht Nahrung, wie der Körper und der Geist. Es gibt Restaurants und Bibliotheken, beide nähren nebenbei auch das Gefühl. Es braucht aber mehr und vor allem gute Nahrung, denn die weniger gute erhält es im täglichen Stress: Beim Warten wächst die Ungeduld, man wird beleidigt und verletzt. Erfahrungen werden vom Gefühl angehäuft und in integrierter Form memoriert, es „merkt" sich alles Erleben irgendwie und bildet eine Grundstimmung, die – wenn positiv – viel Negatives aushalten kann. Zum Beispiel ist Musik eine gute Nahrung für das Gefühl, sogar ein Rauschmittel.

Ich gebe ihm heute in La Palma – während ich über diese Dinge nachdenke – Nahrung, indem ich am Meer stehe und den gewaltigen Wellen zusehe. Es kommt der Moment, wo endlich der Verstand übersetzt, was das Gefühl schon lange weiß: Hier tobt der Kampf zwischen Stasis und Dynamik, zwischen scharfen, kantigen, unbeweglich festen Basaltfelsen und verformbaren, laufenden, in ihrer Form weichen Wellen. Ein Wunder, dass ich es so sehe und erkennen, und damit ausdrücken darf. *(Reise-Gedicht: "Der Felsen im Meer")*. Danach beobachte ich den Sonnenuntergang. Der Himmel brennt, sagt das Gefühl. Ostwind bringt Saharastaub, sagt der Verstand, aber er drängt sich nicht vor wie sonst, sondern lässt dem Gefühl die Freude, sich vom Anblick der Farben und Formen zu nähren. Bis im späten Dämmer der Merkur auftaucht! Der Merkur? Ein Blitz durchzuckt mich, Verstand und Gefühl erinnern sich an das gemeinsame große Erleben vor wenigen Jahren in Indien, als ich – schon 60-jährig – vom Dach eines Wohnhauses in New Delhi das erste Mal den Merkur sah, im Reigen mit vier anderen Planeten, umgeben von Düften und fremder Musik. Kepler beklagte am Totenbett, dass er nie den Merkur gesehen habe. Mir geht es besser, viel viel besser!

Das höchste Glück erlebt das Gefühl, wenn die Welle vom Verstand her überschwappt, wenn man zum Beispiel von der eigenen Leistung begeistert ist, nach dem Erschaffen eines Kunstwerkes, nach dem Entdecken von Zusammenhängen!

Eine besondere Nahrung für das Gefühl ist die Musik. Sie wird vom Verstand für das Gefühl erschaffen. Der Komponist berauscht sich an seiner Schöpfung, der Musiker berauscht sich an der Nacherschaffung, der Konzertbesucher berauscht sich an ihr, weil Musik sein Gefühl nährt und entgiftet. Wir konsumieren täglich vielfältige Musik, je nach Bedarf unseres Gefühls, es verlangt nicht immer nach dem großen Rausch. Ich wünschte mir seit meiner Kindheit, dass ich in der Lage wäre, Musik zu erschaffen. Die Versuche waren kläglich, aber ich habe sie nie ganz aufgegeben. Wenn ich verliebt war, schuf ich nicht nur Gedichte, sondern auch Melodien, die ich in mir sang. Der Verstand schuf sie, das Gefühl labte sich an ihnen.

Ich möchte schon lange einen Computer bauen, der Denken kann. Es wäre für mich der Faust'sche Abschluss meines Lebens. Aber daran ist leider nicht zu denken, ich bin zu weit weg von den nötigen Ressourcen. Aber ich glaube, ich habe seit langem die richtige Theorie für ein solches Gerät. Es ist klar, dass er „Begriffe" verstehen muss. Dazu gehört definitiv nicht nur das rationale Verarbeiten von Information, sondern ebenso das vor-rationale, integrale Abschätzen und „gefühlsmäßige" Beurteilen von komplexen Situationen, Zusammenhängen und Sachverhalten. Der denkende Computer braucht Gefühle, er wird nicht programmiert, sondern erzogen.

Mit den neuronalen Netzen haben wir seit langem eine Möglichkeit gefunden, auf integrale Weise komplexes Wissen zu erfassen und zu verarbeiten. Es klingt fast zu einfach: Ein paar Schichten von Neuronen mit Vernetzungen (Synapsen), die sich festigen, wenn sie oft benutzt werden, die vergehen, wenn sie selten benötigt werden, die sich nach Zufall neu bilden und weiteres Lernen ermöglichen oder auch vergessen. Die Netze müssen „trainiert" werden, um die Abermillionen Verschaltungen in die Form zu bringen, die bei gewissen komplexen Reizen zu gewissen, gewünschten Antworten führt. Am Ende eines solchen Trainings kann niemand sagen, wie die selbstorganisierte Vernetzung im Einzelnen aussieht. Die Gesamtheit der am Ende des Lernprozesses bestehenden Synapsen bildet das Gelernte als intuitives und eben nicht rational fassbares Wissen ab. Niemand kennt dann seine Grenzen und Potentiale genau. Wir sagen dann etwas hilflos über unser primitives, trainiertes Netz: „Es erkennt ein Pferd in 95% aller Fälle." Aber es kann ja weiter lernen, deshalb gibt es das „am Ende" nicht, so wenig wie beim Erziehen eines Kindes. In diesen Netzen werden die Eingangssignale „parallel" verarbeitet, und darin liegt ihre Überlegenheit gegenüber Standardcomputern. Leider haben wir noch keinen nicht-biologischen Weg gefunden, veränderliche Verknüpfungen im Lernprozess in einem neuronalen Netz technisch zu realisieren. Deshalb sind wir vorläufig noch gezwungen, die neuronalen Netze auf Standardcomputern nachzuahmen, indem wir künstlich das parallele Rechnen durch „sequentielles" simulieren, wodurch wir den Riesenvorteil zum großen Teil wegwerfen.

Ein denkender Computer wird also ein lernender sein. Er wird erzogen, und seine Verschaltung ist seine individuelle Struktur, abhängig von Zufall, Lernprozess und Vorgeschichte, und gleichzeitig insofern sein Geheimnis, als sie niemand kennen kann, auch er selbst nicht. Grundsätzlich führen alle Versuche in die Irre, rein rationale (echte) künstliche Intelligenz zu schaffen. Das Gefühl als pre-rationale, integrative Erfassung und Bewertung von Zuständen und Entwicklungen ist eine unerlässliche Ergänzung der rationalen Analyse. Sie gibt ihr Startpunkte, Ziele und Kontrolle. Weit sind wir noch nicht gekommen auf dem Weg zum denkenden Computer. Wir tun uns sogar noch schwer, einen Computer zu programmieren, der Fotos „richtig" herum dreht, also wie ein Mensch sicher erkennen kann, was oben und unten ist.

Ein faszinierende Erscheinung im Gefühl-Verstand-Verbund ist der Glaube. Seine Analyse ist gleichzeitig sehr lehrreich für andere Erstaunlichkeiten und Absurditäten im menschlichen Denken, die ein überwiegend rationaler Verstand nicht zuwege brächte. Gott, Glaube und Religionen sind sehr unterschiedliche Dinge. Gott ist eine Fiktion, Glaube ist ein Gefühl und Religionen sind furchtbare Realitäten, wie Glaubenskriege und Kirchensteuer beweisen. Religionen werden vielleicht sogar dafür verantwortlich sein, dass die Menschheit untergeht, weil sie den Zusammenschluss der Menschen zur Menschheit wirksamer als Nationalismen verhindern, und ohne diesen Zusammenschluss werden sich die Zukunftsaufgaben kaum bewältigen lassen.

Der Glaube sitzt im Gefühl, hinein gepflanzt in der Kindheit über den noch unreifen Verstand gestülpt. Später wird er dann wie andere Gefühle auch vom Verstand geprüft, immer ein bisschen und ein bisschen mehr. Bei der kritischen Prüfung kann zweierlei geschehen. Akzeptiert der Verstand den Fiktionscharakter Gottes, entzieht er dem Glauben den Boden, und bald entschwindet er aus dem Gefühl. Weniger rigoros ist die zweite Möglichkeit: Der Verstand versucht, Gott durch Rationalisierung zu retten. Er baut dazu Gott eine Insel, die – weil sie rational sein soll – jenseits aller nachprüfbaren Erfahrungen liegen muss. Solche Orte sind „der Ur-

sprung allen Seins" und „vor dem Anfang der Welt". Dort ist
„Gott" einigermaßen sicher vor weiteren Attacken durch den Verstand, solange er nicht versucht ist, außerhalb dieses fiktiven Kon-
klave zu „wirken". Der Glaube drängt den Verstand dazu, Gott eine aktive Rolle zu geben. Weigert der sich, stirbt der Glaube ab.
Aber im Gegensatz zur Vernichtung des Glaubens durch Gottes-
leugnung stirbt er nur ab ohne zu verschwinden. Die Leiche bleibt
als Gefühl, einbalsamiert und geschmückt, so dass der rational
Gläubige gar nicht merkt, dass sein Glaube tot ist.

Ein Glaube, der leben soll, darf nicht durch den Verstand atta-
ckiert werden! Er kann nur überleben, wenn er solche Angriffe un-
terbindet, also machtvoll verbietet. Das ist im Interesse der Religionen, die ihre Macht, Kriege zu führen, aus der Masse der Gläubigen nähren. Religionen sorgen daher als vorderste Aufgabe dafür,
dass sich das Gefühl Glaube in ihren Anhängern verfestigt und mit
Angriffsverboten versehen wird: Ikonen, Heilige, Papstrummel,
Weihrauch, Umrundung der Kaaba, das Bad im heiligen Fluss,
Kirchentage, Gebetsrituale und vor allem die rührseligen und
„lehrreichen" Legenden und Verse in heiligen Büchern – alles
Kleider und Panzer, um den Glauben nicht direkt nackt angreifbar
zu machen. Sie können notfalls abgeworfen werden, wie die Eid-
echse ihren Schwanz abwirft, wenn sie daran gepackt wird. Alles
stärkt die Abwehr gegen die Rationalität. Aber am wirkungsvolls-
ten sind die Heilversprechen und Höllendrohungen, weil sie das
Problem Rationalität bekämpfen, indem sie Allianzen mit den anderen starken Gefühlen Angst und Hoffnung schmieden, die sich
ebenfalls vor dem Verstand hüten müssen und gute Vernebelungs-
techniken besitzen.

Eine interessante Form des Glaubens ist der Protestantismus.
Er klärt sich selbst zu Tode auf, jedenfalls seine deutsche Form.
Andere Formen, besonders Kirchen in Amerika, haben rechtzeitig

erkannt, dass Aufklärung ihr Ende bedeuten würde. Aufklärung in der Religion ist wie das Schälen einer Zwiebel, um den Kern zu suchen – da ist keiner. Es sei denn, und das tut der deutsche Protestantismus, man erklärt den Kern „transzendent" als den innersten Punkt der Zwiebel, den Anfang alles Seins.

Amerikanische Kirchen bauen wirksame Schutzwälle gegen Aufklärung, wie den „Kreationismus" gegen die Evolution. Alle, die spüren, wie der Glaube unter den Attacken des eigenen Verstandes abstirbt, stürzen sich mit ihrem Gefühl auf „Argumente" gegen die Evolution.

Der Islam ist weniger wissenschaftsfeindlich. Der Koran lässt offen, ob Gott die Welt so oder so, mit oder ohne Evolution, vor 5000 oder 5 Milliarden Jahren geschaffen hat. Entscheidend ist Gottes Eingreifen, indem er dem Propheten Mohamed den Text des Korans diktierte. Die Existenz des Korans ist der Gottesbeweis im Islam. Wer das als Zirkelschluss bezeichnet, beleidigt alle Gläubige so sehr, dass jede Abwehrmaßnahme gegen einen solchen Angreifer gerechtfertigt ist, einschließlich seiner Beseitigung. Die Vernunft gebietet also allen, solche Gedanken nicht erst zu denken, vor allem nicht weiter zu geben und Zweifel in anderen zu säen. So funktioniert ein wirksamer Selbstschutz eines Glaubens vor Verstandesattacken, jedenfalls eine Zeitlang. Auch im Christentum wurde die Hexenverbrennung irgendwann nicht mehr praktiziert.

Ich weiß, dass über diese Zusammenhänge jeder anders denkt und anders denkt als ich, abgesehen von denen, die gar nicht darüber nachdenken. Das ist das grundsätzliche Problem der Philosophie und vieler Geisteswissenschaften: Es gibt so viele Möglichkeiten, sich sein Bild von der Welt zu erschaffen, und autonome Denker lassen sich keines aufdrücken. „Richtig" und „Falsch" bzw. „Wahr" und „Unwahr" gelten nicht für unsere gedanklichen Konstrukte. Das möchte aber so mancher Geisteswissenschaftler nicht einsehen. Naturwissenschaftler versuchen, mit ihren Aussagen diesem idealen Gegensatzpaar nahe zu kommen. Aber auch sie können nur immer vorläufig noch nicht widerlegte Theorien aufstellen. Entscheidend ist, dass sich aus Denkmodellen „Experimente" und Analysestrategien ableiten lassen, deren Ergebnisse möglicherweise das Denkmodell stützen oder stürzen. Ich weiß nicht, ob das für mein Modell von den drei Komponenten des Menschen gilt. Aber es macht Spaß, nährt Gefühl und Verstand, ermöglicht Streitgespräche und lädt zum Weiterdenken ein. Es ermöglicht sogar, mich selbst zu entwickeln.

Der Felsen im Meer – Urlaub auf La Palma

Ich finde einen festen Halt
auf einem Felsen aus Basalt.
Ich sitze da und seh' hinab:
Das Meer bewegt sich und macht Schwapp.

Das Meer bewegt sich und macht Schwapp,
ich kriege einen Spritzer ab.
Das Meer macht Schwapp
und Schwapp und spritzt
bis hier herauf, wo jemand sitzt.

Im steten Rhythmus schwappt das Meer,
der Fels ist fest, ich trau ihm sehr.
Ewig steht er felsenfest,
auch wenn das Meer ihn unten nässt.

Doch mein Vertrauen wird erschüttert,
ich spüre, wie der Felsen zittert!
Ganz leise bloß.
Und ist er noch so riesengroß,
er bebt bei jedem Wellenstoß.

In wenig mehr als tausend Jahren
ist er zermalmt. Ich bin dann längst nach Haus gefahren.

In 100 Jahrmilliarden schon
sind alle Sterne längst erloschen.
Die Zeit ist leer. Nur Zeit vergeht
und nichts geschieht.

Auch Gott ist längst verweht.   *Januar 2008*

Ich bringe Dir, mein Hammel, Licht!
März 2007

Diese Zeile aus dem Gedicht von Morgenstern ist wohl das Leitmotiv, das vor allem steht, was uns die Philosophen und Theologen sagen wollen: Ich weiß es, und Du, mein Hammel, wirst erleuchtet, wenn Du es mir glaubst und "nach"-denkst. Das fundamentale Problem der Theologen und Geisteswissenschaftler besteht darin, dass ihre Ideen nicht beweisbar und schwer widerlegbar sind, und anders als die der Naturwissenschaftler und Mathematiker nicht dem reinigenden Gewitter aus Fakten und Logik unterworfen werden. Geisteswissenschaftler sind darauf angewiesen, ihre Ideen unbewiesen „an den Mann" zu bringen. Dazu müssen sie mit Blumen und Girlanden, mit Versprechungen oder Drohungen ausgestattet, oder mittels eines undurchdringlichen Begriffsgestrüpps vernebelt werden, um – je nach Zielgruppe – entweder für die Masse der kleinen Geister oder für die wenigen herausragenden Geister attraktiv zu sein. Ihre Thesen gewinnen Kraft aus dem Nach-Denken und Glauben durch andere. Ein Naturwissenschaftler oder Mathematiker hat es viel leichter. Er kann irren, aber im Prinzip lassen sich seine Gedanken durch Experimente und Beobachtungen untermauern oder widerlegen. Er würde sagen: Ich bringe, mein Hammel, Wissen. Das „Dir" fehlt, denn er ist weitgehend unabhängig von der Meinung des Hammels. Er kann deshalb fortfahren: Wenn es Dich interessiert, musst Du Dich bemühen, wenn Du zweifelst, wiederhole die Experimente. Es reicht aus, die Kollegen sachlich zu informieren. Sie müssen nicht „überzeugt" werden, das tun die Fakten früher oder später. Das dem Hammel gebrachte „Wissen" ist etwas viel Greifbareres als das „Licht" der Geisteswissenschaftler und Theologen. Letzteres soll vor allem das Denken in fremden Köpfen im Sinne des Erleuchters um- oder abschalten, also „überzeugen". Ideen können sich in den Hirnen anderer Menschen replizieren, auch wenn sie nicht beweisbar, rational oder vernünftig sind, und so Bedeutung und Gewicht gewinnen.

Aus der Unbeweisbarkeit folgt aber nicht, das Denken der Geisteswissenschaftler wäre unnötig und überflüssig. Sie, ich meine insbesondere Philosophen, Psychologen und Sozialwissenschaftler, sind unerlässlich, weil sie ein Denkgebiet bearbeiten, das den Methoden der Naturwissenschaften (noch?) nicht zugänglich, aber von allergrößter Bedeutung ist. Geisteswissenschaften fangen sozusagen „von oben" an, während die Naturwissenschaftler vom tiefen Grund ausgingen, von dem aus die Spitze kaum sichtbar war. Es geht um den Menschen, seine Fähigkeiten und Grenzen, seine Möglichkeiten und die Wege im Zusammenleben in Gruppen und in der Gesellschaft, seine Beziehungen zur Welt. Ganz offenbar sind diese Themen wichtiger als alle naturwissenschaftlichen. Auch unfertige und vorläufige Ansichten und Lösungen sind besser als gar keine und durchaus hilfreich, um das Zusammenleben der Menschen zu ermöglichen, zu verbessern und immer positiver zu gestalten. Ein schwach erleuchteter Hammel ist meistens besser als ein unbeleuchteter, der als Fußballrowdy oder Drogenzombie dahinvegetiert, oder seine Gedanken in der Ausnüchterungszelle zu sammeln versucht. Noch schlimmer sind allerdings die bösen „Erleuchtungen", wohl eher Verdunklungen von vorher zu schwach erleuchteten Hammeln durch Ideologien, die sich im Umfeld der Religionen und „guten" Philosophien tummeln.

Es ist leider kaum zu ändern: Den Geisteswissenschaften wohnt eine hohe Beliebigkeit inne. Ihre Aussagen und Thesen sind auswechselbar und die Denk-Ergebnisse sind unsicher, da sie auf grundlosem Morast bauen müssen. Zu jeder These gibt es nicht nur eine Antithese, zu jeder Religion die Tendenz, diese zu leugnen, zu jedem Aberglauben eine oder viele Alternativen. In Sichtweite der wohlbegehbaren Pfade blühen lebendig und leuchtend Ideologien und Sekten im Sumpf. Sie sollen hier nur am Rande erwähnt werden als manchmal nachbarschaftliche Konkurrenten für die ernst zu nehmenden Philosophien, sie können ihnen den Zugang zu fruchtbaren Gehirnen verstopfen.

Geisteswissenschaftler haben nicht die Möglichkeit, verlässliches Wissen anzuhäufen, wie die Naturwissenschaftler. Damit sind echte Fortschritte gegenüber den ersten großen Denkern vor Jahrtausenden viel schwerer und langsamer zu erzielen. Aus der Sicht des Naturwissenschaftlers fehlt die Möglichkeit der Qualitätssicherung. Selbst der „Diskurs" zwischen sich widersprechenden geisteswissenschaftlichen Denkern dient nicht der Ausrottung von Unsinn oder der Stärkung der besten Ideen, sondern hauptsächlich dem Erhalt der Vielfalt im „Ökosystem" der möglichen Gedanken. Eine Krähe hackt der anderen kein Auge aus. Alles ist einigermaßen gut, aber besser ist das, was oft und gern nach-gedacht und nachgeplappert wird. Die Qualität könnte gesteigert werden, wenn es gelänge, die überbordende Präsenz der Geisteswissenschaften an den Universitäten zu beschneiden und gleichzeitig die Konkurrenz zu erhöhen. Und an den Schulen sollten wie überall sonst in der Welt die „soft subjects" zurückgedrängt werden, zugunsten der naturwissenschaftlich/ökonomischen Ausbildung. In den Naturwissenschaften funktioniert die Qualitätssicherung leidlich durch das Gutachterprinzip bei der Mittelvergabe und das „peer reviewing" bei Publikationen. Sie wäre aber verbesserungswürdig, es wird auch hier viel Schwaches und weniger Wichtiges gefördert, und in der Spitzenforschung fehlt Geld.

Die Themen „Mensch und Gesellschaft" bilden den großen weißen Fleck in der Landkarte der naturwissenschaftlichen Entdeckungsreisen. Die Forscher fanden lange keinen sicheren Zugang. Erst in letzter Zeit brachten die Fortschritte der Naturwissenschaften auf völlig anderen Gebieten unerwartete Möglichkeiten hervor, in den weißen Fleck vorzudringen und ihn so zu verkleinern. Die Kernphysik ermöglichte den Bau von Geräten, mit denen man dem Gehirn bei der Arbeit zuschauen kann. Die Elektronik und Nanotechnik ermöglichten den Bau von Superrechnern, mit denen künstliche neuronale Netze gebaut und studiert werden können, die in kaum begrenzter Weise lernfähig sind. Die Mathematik und die Theorie der komplexen Systeme eröffneten Wege zum Verständnis des selbstorganisierten Gehirns. Hirnforschung ist ein faszinierendes neues Forschungsgebiet, das inzwischen auf ersten Teilgebieten den Geisteswissenschaftlern Konkurrenz macht und Sorgen bei denjenigen Denkern auslösen, die ihr „Ich bringe Dir Licht, mein Hammel" gefährdet sehen. Eine wirksame und verbreitete Möglichkeit der Abwehr besteht darin, jede Gefahr zu leugnen, indem man behauptet, es könne gar nicht sein, dass die Naturwissenschaften in den Bereich der Religionen und Philosophien vordringen, und das sei so klar, dass es gar nicht nötig wäre, einen Grund anzugeben. Ein lockerer Hinweis auf die unbezweifelbare "Wahrheit" der drei Ebenen genügt den Verteidigern: Unten die Hammel und Naturwissenschaftler, darüber Theologen und Philosophen und ganz oben Gott. Hirnforscher agierten dabei als Naturwissenschaftler auf der niedrigsten Ebene, das könne man schon daran erkennen, dass die auf der Mittelebene geschaffenen Begriffe wie Moral, Ethik, Glaube und Würde nicht den Messgeräten zugänglich sind, und im übrigen würden sie von den Naturwissenschaftlern, wenn überhaupt, stets falsch verwendet. Und außerdem könne das Gehirn sich sowieso nicht selbst erkennen, das sei philosophisch (!) unmöglich. Und außerdem gibt es den freien Willen, der ja Gottes Funke ist. Nun ja: Man muss diese „Argumente" nicht so polemisch ausdrücken, wie ich es tue. Sie werden – weil es zur Akzeptanz notwendig ist – in attraktive Hüllen verpackt, dann verbreiten sie sich mit etwas Hilfe schon von selbst und bilden Teil eines Schutzwalls um das Refugium. Ja, der schrumpfende weiße Fleck wird mehr und mehr ein Refugium für die Religionen, die sich da hinein zurückziehen. Dagegen sind moderne Philosophen längst Grenzgänger zu den Naturwissenschaften. Immer besser verstehen sie den Menschen und die Beziehungen zwischen Menschen und zur Welt, so dass ein „social engeneering" in denkbare Reichweite rückt.

Sicher werden die Naturwissenschaften keinen direkten Angriff auf die Geisteswissenschaften und Religionen starten (höchstens auf die Fördergelder). Das ist solange nicht nötig, wie diese sich selbst der Rationalität verschreiben. Die Macht des Faktischen und des Wissens setzt Grenzen, die immer enger werden, und drängt jeden zurück, der sie nicht akzeptieren will. Erst in einer noch fernen Zukunft werden unter dem Druck der immer engeren Grenzen (wenn der weiße Fleck zu verschwinden droht) Einige die Flucht ins Irreale antreten. Esoterik, Glaube und Aberglaube bilden immer eine Zuflucht für Denker, denen Rationalität und Vernunft zu enge Ketten anlegen, und die Freiheit außerhalb dieser

Grenzen suchen. Das muss man positiv sehen. Es ist gerade eine der Stärken unserer menschlichen Denkfähigkeit, Rationalität durch Träume und mit Phantasie zu überwinden, Vernunft zu verlachen, die Grenzen des Faktischen zu sprengen, völlig neue Wege zu finden, Undenkbares zu denken. Dort im Phantasieland liegen die Wurzeln unserer Intuition, unserer Erfindungsgabe. Gedankenflug ist wunderbar, aber in der freiwilligen Rückkehr in die Rationalität nach dem Flug liegt noch größere Kraft: Naturwissenschaften und Mathematik funktionieren so gut, weil sie nur rationale Denkergebnisse zulassen. Das bedeutet, sie akzeptieren Fakten und wenden die Logik an. Für Geisteswissenschaftler sind die durch die Rationalität gesetzten Denk-Grenzen noch zu weit. Sie tun es nicht immer, aber sie müssten sich bezüglich Ziel, Objekt, Qualität und Methoden ihres Denkens noch engerer Grenzen setzen, weil die Kontrolle durch Fakten und oft genug durch Logik fehlt: Ihr Denken sollte – ohne die Rationalität aufzugeben – den Menschen und seine Beziehungen betreffen und ihm letzten Endes nützen. Ohne diese positive Qualität ist Philosophie nicht human. Wir wollen deshalb diese weiter eingeschränkten Denkmöglichkeiten innerhalb der Grenzen rationalen Denkens als humanistisch bezeichnen. Hierin unterscheiden sich ernste soziale Theorien und Menschenbilder von Ideologien.

Theologen und Philosophen verwenden hier mit Vorliebe den Begriff „Vernunft", den ich hier vermieden habe. Man kann „vernünftig" nicht als Qualität des Denkens einführen, wie etwa „rational", um die erforderlichen noch schärferen Bedingungen an das Denken der Geisteswissenschaftler zu beschreiben. Am ehesten noch könnten wir Vernunft als eine in unserem Denken angesiedelte Kontrollinstanz für unser Denken *und Handeln* ansehen, die beides auf humanistische Wege und Ziele lenkt. Sobald wir über uns, über unser Denken, unsere Möglichkeiten und Grenzen, unsere Kommunikation mit anderen nachdenken, ist ein Selbstbezug, eine Reflexivität eingetreten. Unser bewusstes Sein macht das möglich. Wir sind insbesondere in der Lage, rational über unsere eigene Irrationalität, unsere Lust am Unwirklichen, über die ganze Breite der Denkmöglichkeiten nachzudenken, aber auch über unser Bild vom Menschen und von uns selbst. Auch die Kontrollinstanz „Vernunft" wird von uns selbst in uns geschaffen, nach den Vorbildern, die wir um uns herum sehen. Dagegen heben die Religionen den Begriff Vernunft ins Transzendente an, sie vereinnahmen ihn für sich, um ihn gelegentlich als Waffe im Abwehrkampf gegen die Rationalität zu benutzen, indem sie ihn durch entsprechende Definitionen in unmittelbare Nähe ihres Glaubens rücken und so seine Verbindungen zur Rationalität kappen. Das Transzendente ist eine phantastische Schutzzone gegen Rationalität.

In der vorwissenschaftlichen Zeit waren viele Religionen durchaus auch vernünftig, da sie nicht im Widerspruch zu den Fakten standen und das Zusammenleben der Menschen auf positive Weise gestalten halfen. Es gab die Fakten einfach nicht, die Gott und Wunder ausschlossen. Aber in den Jahrhunderten häufte die Wissenschaft so viele Fakten und Erkenntnisse an, dass alle Religionen mit einem Gott (oder mehreren) - ohne ihre Aussagen wesentlich zu ändern - irrational und damit auch unvernünftig wurden. Durch Verschiebung der Grenze des „Rationalen" rutschten sie ins Aus. Kein rational denkender Mensch kann heute mehr den Koran als wörtlich wahr oder das katholische „Hoc est pocus" akzeptieren. Protestanten vermeiden solche direkten Faulstellen, die als Angriffspunkte dienen könnten, wenn sich jemand die Mühe machte, anzugreifen. Stattdessen führen sie einen begrifflichen Eiertanz um den „Ursprung allen Seins" und die „Letzte Wahrheit" auf.

Auch wenn ich hier recht massive und auch nicht ganz faire Angriffe auf die Theologen und Geisteswissenschaftler vorgebracht habe, so halte ich doch ihr grundsätzliches Ziel, den Menschen und seine Beziehungen zu verstehen, für extrem wichtig. Und da die Naturwissenschaften (noch) nicht viel dazu beitragen, muss man auch „vernünftige" und brauchbare Hypothesen akzeptieren, auch wenn sie vorerst unbeweisbar bleiben. Nur auf einer solchen Basis – und sei sie noch so schwankend – konnten in der Vergangenheit die heute gültigen Regeln menschlichen Zusammenlebens gestaltet, Gesetze entworfen und Bildungsziele entwickelt werden. Begriffe wie Nächstenliebe, Hilfsbereitschaft, Gerechtigkeit und Verantwortung haben religiösen Ursprung und sind trotzdem unverzichtbar für ein funktionierendes Gemeinwesen und die Welt.

Wir müssen Glaube und Religionen scharf trennen. Im Grundgesetz sollte nicht Religionsfreiheit verankert sein, sondern Glaubensfreiheit. Jeder kann glauben, was er will, solange sein Handeln nicht dem Grundgesetz widerspricht. Religionen sollten dagegen als Machtinstrumente gekennzeichnet werden. Sie verwalten und normieren einen bestimmten Glauben und üben über und durch ihre Mitglieder und mittels deren Geld Macht aus. Im Schatten der großen Religionen tummeln sich die Sekten. Alle sind in unterschiedlichem Maße gefährlich und selten und nur teilweise nützlich für das Gemeinwesen. Die großen christlichen Religionen darf man heute als weitgehend harmlos bezeichnen, den Islam durchaus als aggressiv. Eine solche Einstufung betrifft aber nicht den Glauben und nicht die Religion an sich, sondern nur ihren gegenwärtigen Zustand, den ihre Führer und die aktiven Mitglieder bestimmen. Religionen haben unabhängig vom Grad ihrer Irrationalität eine Existenzberechtigung – es gibt so viel Irrationales auf der Welt, weil es die Menschen ersehnen. Weil der Mensch eben etwas Übersinnliches als Ausgleich zum grauen Alltag braucht, wird es Religionen und Religiönchen immer geben. Auf der Basis ihres Nutzens können sie durchaus vom Staat gefördert werden, zum Beispiel wenn sie für das Gemeinwesen bestimmte Aufgaben übernehmen, wie Kindergärten, Pflegeheime, Sterbehospitale, Altenwohnheime betreiben. Sie könnten auch gefördert werden, wenn sie Toleranz, Hilfsbereitschaft, autonomes Denken und Verantwortungsbewusstsein verbreiten, allerdings ohne dabei allzu viel zu missionieren. Aber davon können sie ja nicht lassen, weil jede Religion die alleinige Wahrheit gepachtet hat, der Religionsunterricht muss aus Schulen mit staatlicher Trägerschaft verschwinden. Eine weitgehend harmlose Religion kann man auch deshalb als nützlich und unterstützenswert ansehen, weil sie als Bollwerk gegen das Vordringen gefährlicher Religionen und Sekten und Ideologien wirkt. Daraus folgt, das Religionen nicht durch das Grundgesetz gleichmachend geschützt werden dürfen, man muss sie auch kritisieren und bekämpfen können, wenn sie als Gefahr erkannt werden.

Das Vordringen der Naturwissenschaften in den „weißen Fleck" wird in Zukunft die Basis für die Gesellschaftspolitik ändern. Beobachtungen an Menschen und entsprechende Experimente (nicht nur mit seinem Körper) und Analyse ihrer Beziehungen untereinander und zur Welt werden immer mehr „naturwissenschaftlich" möglich und damit aussagekräftiger. Ein gewaltiger Schritt in dieser Richtung war die Entdeckung der Spiegelneuronen im Hirn, mit denen Menschen ahnen und erkennen, was Mitmenschen denken und planen. Eine ganz andere Entwicklung erlauben Computermodelle mit „autonomen Agenten", denen Menschen-Eigenschaften gegeben wurden (Egoismus, Gerechtigkeitsempfinden, positive und negative Reziprozität u.a.). Mit derartigen Modellen lässt sich schon sehr gut verstehen und erklären, was in vielfältigen psychologischen Experimenten beobachtet wird. Eine weitere bedeutsame Stufe werden die Naturwissenschaftler erreichen, wenn es ihnen gelingt, eine denkende Maschine zu bauen. Natürlich kann man ihr dann eine Weile mit Vogel-Strauß-Manier die Denkfähigkeit absprechen. Dazu dient das einfache Argument, dass ja nur Menschen (mit dem Göttlichen Funken) denken können. Weil nicht sein kann, was nicht sein darf, um wieder Morgenstern zu zitieren. Es darf nicht sein, weil es ja den Theorien der Theologen und mancher Philosophen widerspräche. Sie sind unhaltbar, würde der Naturwissenschaftler sagen.

Durch solche Methoden und Fortschritten werden die Sozialwissenschaften und die Psychologie „naturwissenschaftlicher". Aber es ist klar, dass äußerliche Fortschritte nur dann zu echten werden können, wenn dabei die „Vernunft", oder besser die Humanität erhalten bleibt: Wir müssen zu Gunsten der Menschen arbeiten und denken und für die Menschen Verantwortung tragen. Wenn wir naturwissenschaftlich den Menschen, sein Denken und seine Schwächen, seine Kommunikation und Organisation in Gruppen besser verstehen, wird das umgekehrt auch Auswirkungen auf die Philosophien haben. Hoffentlich hat es auch Auswirkungen auf die Gesellschafts- und Bildungspolitik, die heute in kaum rationalen Schlingerbewegungen dahin treibt.

Sicher werden wir auch später nicht über die großen alten Philosophen lachen sondern sie weiter bewundern, wie weit sie mit ihrem Denken in Neuland vorgedrungen sind. Selbst die Bemühungen der Religionen um ein glückliches Zusammenleben der Menschen sind zu achten, allerdings ging das infolge ihrer Irrationalität, ihrer Machtpolitik und ihres missionarischen Wahns immer schief. Religionen versuchen, einen „Glauben" zu institutionalisieren, der ohne sie schnell verwehen würde.

Der entscheidende Schlüssel für ein funktionierendes Gemeinwesen ist das Hinführen unserer Kinder zu Toleranz, Hilfsbereitschaft, Mut und autonomen Denken, zur Fähigkeit, Verantwortung für sich selbst, für andere und die Welt zu tragen. Diese Eigenschaften erwirbt man nicht über Lernziele im Unterricht, sondern durch gelebtes Sozialverhalten, durch Beobachtung von Vorbildern auch im Unterricht, aber ebenso in den Pausen, vor und nach der Schule, in der Freizeit. An den Vorbildern hängt vieles, an den Lehrern, den Eltern, den Polizisten, den vielen stillen Helden, die in der kritischen Situation nicht an sich denken. Dem steht unser dreigliedriges Schulsystem mit Ausgliederung der Schwachen und Behinderten entgegen. Die Forderung nach Zurückdrängen der „weichen Fächer" in der Schule steht nicht im Widerspruch zu einer besseren sozialen Erziehung, wenn es durch andere Maßnahmen flankiert wird. Unsere Kinder können besser ohne Religion und weltanschaulichen Unterricht in eine gute Gesellschaft hineinwachsen. Religionen sind für sie schon allein dadurch gefährlich, dass sie sich jeweils selbst für allein richtig und alle anderen für falsch erklären. Trotz gegenteiliger Beteuerungen wird damit Intoleranz und sogar Hass gesät. Außerdem steht das vorgefertigte und dem Kind früh übergestülpte Weltbild einer Religion im Widerspruch zur Erziehung zur Autonomie. „Denke selbst" ist die wichtigste Devise. Wie sonst kann sich ein Kind aus den Gruppenzwängen befreien? Und schließlich erhöht jede Art von Mystifizierung von irgendetwas, von Abendmahl, Koran oder Schöpfungsakt, den Zug zu irrationalen, gefährlichen Sekten. Die haben doch viel mehr und interessantere Mystik zu bieten als die grauen Massenreligionen.

> *Der Wolke Zickzackzunge spricht:*
> *Ich bringe Dir, mein Hammel, Licht.*
> *Der Hammel, der im Stalle stand,*
> *ward links und hinten angebrannt.*
> *Sein Leben grübelt er seitdem,*
> *warum ihm das geschah, von wem.*
>
> *Morgenstern*

Trost des Theologen

Ich werde täglich älter
und reime mir Gedichte
die niemand liest.
Bald bin ich nur Geschichte.

Mein Freund, der Theologe Roth,
meint, dass ich kurz vor meinem Tod
den Ursprung allen Seins blabla
und ewige Wahrheit ...
Wortgeklimper.
Denkgestümper.

Wolfgang, Januar 2008

Was man sich ausdenkt, das gibt es auch

23.9.2008

Ich kann nicht mehr verstehen, wie ein nachdenklicher Mensch an Gott glauben kann. Es muss ihm doch klar sein, dass jede Sorte Gott von Menschen erdacht wurde und damit eine Fiktion ist. Natürlich hat auch eine Fiktion ihre Bedeutung und vor allem – ihre Wirkung. Aber eine Existenz außerhalb der in unseren Gedanken kann man einem Gott doch unmöglich zubilligen.

Früher, als ich noch wenig über das Phänomen Gott in der menschlichen Vorstellungswelt nachgedacht habe, sagte ich oft im Übermut: Was man sich ausdenken kann, das gibt es auch. Das sollte eine Übertreibung sein. Heute bin ich mehr und mehr davon überzeugt, dass das stimmt. Ich habe wohl den Ausdruck „es gibt" oder „es existiert" in meiner Denkwelt relativiert. Früher dachte ich dabei an die erdachte Neunte Sinfonie von Beethoven, die „es gibt", ohne Zweifel. Natürlich nicht nur, weil sie auf Papier materialisiert wurde. Oder ich denke an gewisse mathematische Konstrukte, die, nachdem sie erdacht wurden (oder auch schon vorher?), „existieren", wenn sie widerspruchsfrei sind, was nicht so leicht nachzuweisen ist. Ist ihre „Existenz" somit solange unsicher, obwohl wir damit arbeiten? Wie ist es mit Vermutungen? Diese existieren doch, jedenfalls solange man darüber sprechen kann. Heute denke ich über die „Existenz" Gottes ebenso: Da er erdacht wurde (alle Götter erdacht wurden) und man darüber reden kann, „gibt es" ihn (sie) auch! Es gibt also Gott, aber nur abhängig von unseren Gedanken. Es reicht ein Mensch, der ihn erdenkt, ja sogar einer, der nur von ihm hört und dann an ihn glaubt, um ihn (neben vielen anderen Göttern) existent zu machen. Millionen Ungläubige wie ich können ihn nicht wegdenken. Ich kann nur seine Existenz relativieren: Ohne uns Menschen gäbe es ihn nicht.

Es ist demnach eine clevere Idee, sich zum erdachten Gott gleich hinzuzudenken, dass er seine Erschaffer (uns) erschafft, womit er seine Existenz sichert – besser als Münchhausen, der sich am eigenen Schopf aus dem Sumpf zieht.

Natur- und Geisteswissenschaften
10.10.2002

Ein wesentlicher Unterschied zwischen Naturwissenschaften und Geisteswissenschaften ist, dass Naturwissenschaften nicht vergessen, Geisteswissenschaften aber wohl, sogar sehr schnell. Eine naturwissenschaftliche Entdeckung wird in ein dauerhaftes Wissensgebäude eingefügt, als Formel, als Fakt, als Hypothese, als experimentelles Ergebnis. Man weiß sofort, ob an der passenden Stelle im Gebäude schon ein Bild hängt, das dann entweder durch ein besseres ersetzt wird, oder das die Neuentdeckung als Wiederentdeckung entlarvt. In den Geisteswissenschaften kommt ein neuer Gedanke auf den großen Haufen und liegt dann eine Zeitlang für alle sichtbar oben, bis er durch neue Ideen zugedeckt wird. Neue Ideen? Man weiß es nicht, wie oft ein Gedanke schon früher gedacht wurde und nur begraben im großen Haufen liegt. Manchmal wühlt jemand in diesem Haufen und fördert Erstaunliches zu Tage. Aber einen wirklichen Fortschritt kann Geisteswissenschaft nicht machen.

GOTT

Ich bin Gott,
allmächtig und allwissend. Habe ich Grenzen?
Kann ich mir Grenzen erschaffen?
Mühelos erschaffe ich einen Stein,
den ich nicht heben kann.
Der liegt nun herum und stört nicht weiter.
Ich erschaffe Wesen,
die ich nicht kontrollieren kann: Die Menschen.
Sie bauen ihre Welt,
in der sie leben, lachen und leiden.
Ich offenbare mich
dem Schreiber dieser Zeilen
und fordere ihn auf: „Verehre mich!"
„Nein", sagt der, „ich verachte Dich.
Du verantwortest das Leid
vieler Millionen Menschen."
Er irrt.

Wolfgang, 2017

Mein Verhältnis zum Glauben an Gott

29. März 2008

In den beiden angehängten Texten lasse ich „Gott" sprechen. Das ist hart für potentielle Leser, denen ja meistens noch ein Rest von Glauben geblieben ist. Selbst meine Frau, die frei denkt, und die viel von mir gewöhnt ist, reagiert mit Unverständnis über – wie sie meint – „die Mischung aus Vernünftigem und Unsinn". Wenn ich so etwas schreibe, erwarte ich keine Zustimmung von möglichen Lesern. Vielmehr drücke ich in erster Linie mein ungläubiges Erstaunen aus, dass so viele Leute an Gott glauben.

Was hört man nicht so alles als Begründung für den Wunsch nach Gott:

(1) Das Gehirn des Menschen sei so beschaffen, dass er an irgendeinen Gott glauben will und irgendeinen Glauben sogar braucht.

(2) Da eine Suche nach dem Sinn des Lebens vergeblich bleibt, befriedigt sich der Mensch mit der Scheinantwort Gott.

(3) Alles muss einen tiefsten Sinn und einen ersten Ursprung und ein letztes Ziel haben, und dafür verwendet man die Worte Transzendenz oder Gott.

Besonders letzteres ist Blabla, es lässt sich aber mit der Sprache der Philosophie und der „aufgeklärten" Theologie polieren, damit es sich für Predigten bei Beerdigungen eignet.

Ich selber brauche und habe keinen Gott und brauche und habe keinen Glauben. Umso mehr fasziniert mich das Phänomen, dass meine meisten Mitmenschen irgendwelche Glaubensreste mit sich herumschleppen und sie nicht abwerfen *können*, nicht nur nicht abwerfen *wollen*. Es könnte ja sein, dass irgendwo oben ein Beobachter sitzt, es könnte ja sein, dass am Anfang die Welt geschaffen wurde. Nach meinen Beobachtungen wollen die meisten Menschen gar nicht über Gott nachdenken oder zumindest nicht sprechen, vielleicht aus der Angst heraus, dann den Rest ihres Glaubens auch noch zu verlieren. Vielleicht ist es ihnen auch nur peinlich, einem freien Denker gegenüber denkbeschränkt zu erscheinen. Oder es ist einfach angenehmer, so eine warme vernebelte Unbestimmtheit im Hinterkopf zu haben, als kalte Klarheit.

Ich habe schon als Kind an Gott gezweifelt, aber es dauerte auch bei mir eine Weile, ehe ich ganz sicher war, dass es keinen Gott *vor* den Menschen gab und *außerhalb* von ihnen gibt. Denn es ist schwer, Gedankenwelten abzuwerfen, die einem als Kind eingeimpft wurden. Da ich mich als Jugendlicher kaum um Philosophie gekümmert habe, lernte ich erst später, dass etliche Philosophen schon lange vor mir ausgesprochen haben, Gott sei von den Menschen erschaffen worden und nicht umgekehrt. Trotzdem bin ich stolz darauf, als Junge diese Metapher aus mir selbst heraus gefunden zu haben. Noch weiter gehe ich mit dem anderen Leitsatz, den ich zuerst eher scherzhaft erfand, aber heute nicht mehr bezweifle: „Was man sich ausdenkt, das gibt es auch." Ohne Zweifel gibt es die Neunte Symphonie, die Beethoven erdachte. In diesem Sinne „gibt es" Gott. Menschen haben Götter erdacht, andere Menschen haben sie so verändert, wie man sie wollte und brauchen konnte. Menschen haben Götter auch wieder abgeschafft und den einzigen übrig gelassen. Aber dieser letzte scheint sich zäh zu wehren. Wir werden noch eine Weile mit ihm leben müssen.

Natürlich wird auch dieser einzige Gott der Juden, Christen und Moslems permanent verändert, so wie er eben gebraucht wird. Moses verfestigte die variable Form mit seinen Steintafeln. Jesus unternahm den gewaltigen Versuch, aus dem ungerechten, rachsüchtigen Schlächter-Gott des alten Testamentes einen liebenden und verzeihenden Gott zu gestalten. Durchaus mit etwas Erfolg, aber Kirchenfürsten, Kreuzfahrer und Inquisitoren drehten die Richtung wieder um. Aber auch der Christengott erleidet täglich seine Metamorphosen, besser gesagt seine Aufspaltung in viele Gestalten mit einander widersprechenden Eigenschaften. Der Gott der Herrscher ist nicht der Gott der Knechte. Bushs Gott ist nicht der des Papstes, und beide haben wenig mit dem Gott des liebenden Psychotherapeuten Drewermann zu tun. Mohamed hat sich seinen Gott Allah für Zeltbewohner in der Wüste passend zurecht gebastelt. Der Glaube an Allah ermöglichte den Arabern die Eroberung Nordafrikas bis Andalusien, initiierte aber auch bedeutende Kulturleistungen. Bei Saladin ist Allah ein Gott des Friedens und der Weisheit. Heute machen ihn einige Anhänger zum Hetzer des heiligen Krieges gegen Anders- und Ungläubige wie Bush, Drewermann und mich. Die Taliban glauben sogar, sie sollen in seinem Auftrag Buddha-Statuen mit Kanonen zerstören.

Als Junge bewunderte ich die Religionsstifter, indem ich dachte, es sei doch etwas wirklich Großes, sich einen Gott auszudenken, ihn dann den anderen Menschen vorzusetzen, die tatsächlich anfangen, ihn anbeten. Der Zynismus dieser Idee war mir gar nicht klar. Heute neige ich eher dazu, die Menschheit zu retten, als sie zu verführen. Aber ich traue mir etwas Großes längst nicht mehr zu, wie ich es als Kind wohl noch für möglich hielt. Mich treibt nun eher die Neugier, wie wohl der menschliche Verstand funktioniert, der so wunderbar ist, der neben seiner analytischen Kraft noch Platz für Märchen und Glauben hat. Der entscheidende Schlüssel ist wohl die Einbettung des Einzelnen in die Gemeinschaft der Menschen. Wie entsteht ein Weltbild in dieser Gemeinschaft und wie kann es sich von Gehirn zu Gehirn wie eine Seuche ausbreiten? Wie kann man Ideologie-infizierte Menschen heilen?

Mich interessiert der Gegensatz zwischen dem kollektiven Irrationalismus und dem rationalen Denken des einzelnen Menschen. Nicht jeder Mensch denkt rational und autonom, aber wieso ordnen sich so viele intelligente, denkende Menschen einem kollektiven Wahn unter? Dazu zähle ich neben kurzlebigen Ideologien auch und bevorzugt die Lehren von Religionen und ihren Sekten, wobei jede Lehre von ihren Anhängern nicht angezweifelt wird. Ich beobachte, dass es Meinungen der Gesellschaft als Ganzes gibt, meist mehrere nebeneinander, die sich widersprechen. Die menschliche Gesellschaft tritt dabei als irrational denkende Einheit auf, wobei wie in einem Quantencomputer mehrere „Wahrheiten" koexistieren. Der Einzelne sucht sich eine Meinung aus, der er anhängt, oder er kann seine Autonomie bewahren und selbst denken. Aber wer schafft es schon, sich dem kräftigen Zug vorgefertigter Meinungen zu widersetzen, sich einfach dem anzuschließen, was seine Freunde glauben? Wie kann der Einzelne seine Denkautonomie erhalten oder gewinnen? Ich habe diese und andere Fragen, aber ich habe natürlich keine tiefschürfenden Antworten. Neben der Neugier treiben mich zwei weitere Kräfte: Ich habe Lust am schöpferischen Spiel mit Gedanken. Ich habe Sorge um die Zukunft meiner Enkelkinder.

Die christlichen Religionen sind harmlos, alt geworden und zahnlos. Sie lösen sich auf, weil sie inzwischen sogar Zweifel zulassen, und Zweifel sind Wurzel und Antrieb für eigenes Denken. Ihre Bedeutung besteht heute fast ausschließlich darin, den Raum zu füllen, also einfach anwesend zu sein in den Köpfen der Europäer, die sonst oft nur weiches Glaubensnichts enthielten, in das sich ein aggressiver Islam wie ein Gas ins Vakuum ausbreiten würde, je aggressiver umso schneller. Der Islam erlaubt keine Zweifel an Allah und fordert Unterwerfung des Denkens. Das Verbot, zu zweifeln, prangere ich im Text „Wort" an, die Beliebigkeit des „einzigen" Gottes im Text „Gott – Zuschauer". Nun ist die Vorrede doch länger geworden, als die Texte selbst – eine Perversion. Selbstkritisch stelle ich fest: Ich lasse offenbar meine potentiellen Leser nicht ausreichend selbst denken!

Menschen werden nicht müde, sich ihre Götter zu erdenken. Der Gott der Naturwissenschaftler ist einfach. Er hat „am Anfang" die Naturgesetze geschaffen und die Werte der Naturkonstanten so festgelegt, dass sich aus einem Urpunkt alles entwickeln konnte, bis der Mensch entstand. Evolution auf allen Ebenen ist Folge der Naturgesetze. Nach der „Schöpfung" hat sich dieser Gott dann nicht weiter um sein Werk gekümmert und anderen Dingen zugewandt. Er ist somit völlig nutzlos für uns, nachdem wir einmal da sind.

Interessanter sind schon Konzepte von einem versteckten Gott, der tatsächlich *wirkt*. Man kann ihn transzendente Kraft nennen oder wie auch immer. Jedenfalls mogelt er sich zwischen den Naturgesetzen hindurch, er tut nichts gegen sie und wirkt trotzdem. Die Sehnsucht vieler Menschen nach Transzendentem ist groß. Auch ich hatte als Student einen Traum: Mein Professor für theoretische Physik, den ich sehr schätzte, kletterte eines Tages mühsam (er war schon älter) auf den Labortisch im Hörsaal und verwandelte sich in eine Kuh. Durch keine Aktion konnte er zurück verwandelt werden und tat es auch nicht selbst. Er musste schließlich auf eine Weide geführt werden. Ich interpretierte den Traum so, dass in mir der starke Wunsch bestand, nicht *Alles* könne durch Naturgesetze abgetan sein. Wo kann sie angreifen, diese transzendente Kraft, wenn sie die Naturgesetze einhält? Es bietet sich das menschliche Gehirn und sein Denken an, sowie das, was wir naturwissenschaftlich noch nicht gut verstehen: der Zusammenhang zwischen Verstand und Körper. Primitiv ausgedrückt: Wie wirkt sich unser Bild von der Welt und unsere Stellung in der menschli-

chen Gemeinschaft auf unser Immunsystem aus? Diese transzendente Kraft könnte unser Denken beeinflussen, aber auch von unserem Denken abhängig sein. Sie könnte uns den freien Willen
nehmen, aber auch geben, oder zumindest vorgaukeln. Man kann
wunderbare Theorien darum herum bauen. Nützlich sind solche
Theorien und der Glaube daran, wenn sie unsere geistige und körperliche Gesundheit und Kraft fördern. In die Nähe kommen auch
Prinzipien der Meditation, der chinesischen Medizin, der Lehre
von Meridianen und Kraftlinien im Körper. Alles steht nicht im
Gegensatz zu den Naturgesetzen, solange wir zu wenig über das
komplizierte Ding Mensch und die noch kompliziertere menschliche Gemeinschaft wissen. Jede Theorie ist gut, die dem Menschen
und der Gemeinschaft hilft. Und transzendent muss sie deshalb
sein, weil sie jenseits von gesichertem Wissen aufgebaut werden
muss.

Dieser Abschnitt liegt etwas neben dem Thema der Über-
schrift, aber er drängt sich mir jetzt beim Schreiben auf. Religionen sind kaum direkte Gefahren für meine Enkelkinder. Kritischer
ist die Verführung durch modernere Suchtmittel, insbesondere
durch die virtuellen Welten, die ihnen die Computer in immer perfekteren Versionen bieten werden. Sie sind die Nachfolger der Religionen mit optimierten Verführungstechniken und Heilversprechen. Ich wünschte mir, Wege zu kennen, die meine Enkel vor
solchen und anderen Gefahren bewahren. Ich kann nur spekulieren: Sicher reicht die Erziehung zur Selbständigkeit im Denken
nicht aus. Vielmehr müssen die Kinder es schaffen, sich auf eine
Weise in die Gemeinschaft der Menschen einzufügen, die ihnen
Kraft und Freude gibt und nicht nimmt. Dazu benötigen sie in erster Linie ein gesundes Selbstwertgefühl und in zweiter Linie eine
Reihe von Tugenden: Toleranz und Standhaftigkeit, Freundlichkeit
und Höflichkeit, Hilfsbereitschaft und Dankbarkeit, Verantwor-

tungsgefühl. Die Fähigkeit und Bereitschaft, Verantwortung für sich, für andere und für die Umwelt zu übernehmen, fehlt sehr in der modernen Gesellschaft, sie wird ersetzt und ab-erzogen durch ein Übermaß an Vorschriften und Versicherungen. Diese nehmen uns die Verantwortung und das eigene Denken ab. Es ist schwer, den Kindern trotzdem solche Tugenden schmackhaft zu machen. Einige kann man als „christlich" bezeichnen. Aber der Christengott wurde auch als Keule gebraucht, den Kindern früherer Generationen solche Tugenden anzudressieren: „Gott sieht es und straft dich, weil er dich liebt". Oder er entzieht dir seine Liebe sogar. Wir müssen ohne die Keule auskommen, und da gibt es nur Vorbild und Einsicht. Wir Eltern müssen erklärendes Vorbild sein: Gerade indem wir uns gegen die Strömungen in der Gesellschaft zur Verantwortungslosigkeit und zum Eigennutz stemmen, fügen wir uns am nützlichsten in die Gemeinschaft ein. Die Kinder müssen das erkennen und sich durch selbstständiges Denken und Selbstwertgefühl von Gruppenzwängen abkoppeln können und durch Einsicht ihre Beziehung zur Gemeinschaft selbst bestimmen.

Wort

(1)
ICH bin euer Gott.
ICH habe die Welt erschaffen
    und euch Menschen als Teil der Welt.
ICH bin ein geradliniger und eifersüchtiger Gott.
    Es sind falsche Götter, die Versprechungen machen
    oder drohen, die Gebete brauchen oder bunte Bänder,
    oder sich in ein Mäntelchen aus Legenden hüllen.
ICH gebe Euch zwei Gebote:
    - Zweifelt nicht an MIR!
    - Dient der Gemeinschaft der Gläubigen!

(2)
Zweifelt nicht an MIR, eurem Gott, bei Todesstrafe!
Ihr seid MEINE Hände und müsst die Strafe vollstrecken.
Der Zweifel an Gott ist ein schlimmes Unkraut,
    das gnadenlos ausgerottet werden muss.

(3)
Dient der Gemeinschaft der Gläubigen mit Verstand und Kraft!
Es ist wichtig, genau zwischen Gläubigen und Ungläubigen
    zu unterscheiden, denn die Gläubigen sollen besser leben
    und glücklicher sein als die anderen.
Der Reiche gebe der Gemeinschaft der Gläubigen
    von seinem Reichtum.
Wer nicht reich ist, aber stark, diene der Gemeinschaft
    mit seiner Kraft.

Wer nicht reich oder stark ist, aber klug,
  gebe Rat und Trost und belehre die Gläubigen.
Wer nicht reich oder stark oder klug ist,
  erfreue die Gemeinschaft durch Fröhlichkeit, durch Lieder,
  Tänze und Geschichten, oder durch einfache Dienste.

(4)
Dient der Gemeinschaft der Gläubigen,
  die auch euch beschenkt!
Helft den Armen! Pflegt die Kranken und Alten!
Tröstet die Sterbenden. Sagt ihnen, sie leben durch ihre Taten
  für die Gemeinschaft in dieser unvergessen weiter.
Erzieht die Kinder zur Fröhlichkeit!
Erklärt ihnen Gott, der die Welt und sie geschaffen hat
  und ihnen das Denken schenkte!
Und warnt sie vor Zweifel an Gott!

(5)
Zweifelt nicht an MIR bei Todesstrafe, ihr MEINE Hände!
Ihr sollt aber nicht die schlachten,
  die nicht genug oder Falsches von MIR wissen,
sondern die, die MICH gut kennen und trotzdem zweifeln,
  und die, die die Gemeinschaft der Gläubigen verlassen haben.

(6)
Dient der Gemeinschaft der Gläubigen und schadet ihr nicht!
Wenn einer von euch der Gemeinschaft geschadet hat
  oder ihr nicht gut dient, aber an MIR nicht zweifelt,
  dann sollt ihr ihn nach eurem Gutdünken
  mit Milde bestrafen. Die Strafe soll ihn dazu bringen,
  in Zukunft der Gemeinschaft besser zu dienen.

(7)
Dient der Gemeinschaft der Gläubigen mit Phantasie!
Ich habe euch nicht nur das Denken gegeben,
 sondern auch Phantasie und Liebe und Lust.
Lernt zu lieben und lernt die Lust!
Besingt die Liebe und die Lust,
 erfindet eine Welt voller Geschichten, fröhliche und traurige,
 einfache und tiefsinnige!
Bereichert so grenzenlos das Leben
 in der Gemeinschaft der Gläubigen!

(8)
Dient der Gemeinschaft der Gläubigen durch Entwicklung
 eurer Fähigkeiten!
Betrachtet die Ungläubigen
 als eine Quelle eures inneren und äußeren Reichtums!
Lernt von den Ungläubigen alles was sie wissen
 und nutzt das Wissen!
Mehrt euer Wissen durch eigene Erforschung der Welt!
Mehrt mit eurem Wissen euren Reichtum,
 den ihr mit den Gläubigen teilt.
Mehrt eure Kraft und Klugheit
 durch Übung und ständiges Lernen!
Die Ungläubigen sind eine Quelle eures Reichtums.
Doch bedenkt, es kann nützlicher sein,
 einen Reichen oder Starken oder Klugen
 für die Gemeinschaft der Gläubigen zu gewinnen,
 als ihn zu betrügen oder zu berauben.
Sonst aber seid zurückhaltend
 mit der Erweiterung der Gemeinschaft.

(9)

Zweifelt nicht an MIR! Wenn ihr nicht zweifelt,
>   bin ICH unüberwindlich, und ihr seid eine starke
>   und glückliche und reiche Gemeinschaft der Gläubigen.
Wenn ihr aber zweifelt,
>   bin ICH schwach, und eure Gemeinschaft zerfällt,
und es geht euch schlechter als den Tieren, die nicht wissen,
>   welches Glück eine starke Gemeinschaft geben kann,
>   und was sie verloren haben, wenn sie zerbrochen ist.

(10)

Zuletzt wende ICH mich an dich, den Zweifler:
ICH schenkte dir das Denken.
>   Damit setzte ICH dich auch der ewigen Prüfung aus:
>   Wer denkt, der zweifelt!
Wenn du an MIR zweifelst,
>   bekämpfe den Zweifel und überwinde ihn schließlich!
>   Behalte ihn in dir und sprich nicht darüber!
Wenn Du den Zweifel nicht besiegen kannst,
>   hast du die Gemeinschaft der Gläubigen verlassen.
Wandere dann allein und verlassen durch die Fremde,
>   bis dich der Tod durch eine MEINER Hände ereilt.
Wenn du dein Gut mit nimmst, hast du den Tod doppelt verdient,
wenn du dein Wissen den Ungläubigen gibst, dreifach.

.Januar 2008

Gott, der Zuschauer

Ich bin Gott! Ich bin Zuschauer. Das war Ich nicht immer.

Ich war es nicht, als Ich Meine Welt erschuf: Die Welt der Atome, Planeten, Ökosysteme und Naturgesetze – eine einfache Welt, die Natur. Euch Menschen habe Ich zuletzt als Teil dieser Welt erschaffen und euch das Denken geschenkt. Ihr solltet Meine Welt ansehen und bewundern, dann erforschen und begreifen, und schließlich Mich in ihr erkennen, das heißt, *Mich erdenken und damit erschaffen*. Erst nachdem ihr Mich erdacht habt, erst durch die Erschaffung des Schöpfers, war der erste Kreis der Schöpfung vollendet.

Aber ihr gabt euch mit dem Kreis nicht zufrieden, sondern habt ihn zur Spirale erweitert. Ihr übernahmt entschlossen die Schöpferrolle und Ich wurde der Zuschauer. Die Welt, die ihr geschaffen habt und weiter erschafft, ist inzwischen so gewaltig und komplex, dass Meine Welt nur noch eine Randerscheinung eurer Welt ist. Ihr beginnt sogar, Meine Welt vor eurer wuchernden Welt zu schützen.

Am Anfang erschuft ihr die Sprache und das Wort „Warum?".

Mit Worten findet ihr Begründungen und definiert Zusammenhänge, wobei es euch nicht darauf ankommt, ob die Zusammenhänge in eurer Welt „wirklich" sind – Worte reichen stets!

Das Denken, das Ich euch schenkte, benutzt ihr wie ein Spielzeug. Ihr nennt es Phantasie, wenn ihr mit dem Denken spielt. Der Blitz schlug ein, und wer anders als Thor oder Zeus konnte seinen

Hammer geworfen haben? Der Schamane befahl Regentanz, und ihr tanztet und es regnete.

Mit Worten schuft ihr eure Welt und Mich als Teil eurer Welt:

Gott, Geld, Recht, Steuern, Religionen, Legenden, Besitz, Soziologie, Musik, Sexualität, Philosophie, Politik ...

Losgelöst von Meiner Welt habt ihr etwas völlig Neues geschaffen, als Gedanken und Worte zuerst, die längst materialisiert sind:

- Aus dem abstrakten Recht wurden Gefängnismauern und Guillotinen, juristische Seminare und überquellende Bibliotheken, die Roben und Villen der Richter und die Gebührenordnungen der Advokaten.

- Geld wurde materiell in Form von Golddukaten, Scheinen und Plastikkarten. Aber Geld ist schon eine Stufe höher gestiegen und gewann noch mehr Macht durch Aufgabe seiner materiellen Existenz. Geld fließt heute in Form abstrakter Verrechnungsgrößen und Optionen auf Wahrscheinlichkeiten in phantastischer Fülle und Geschwindigkeit um den Globus und zeigt dabei seine riesige Macht in eurer Welt. Geld lebt, atmet, stirbt, vermehrt sich geisterhaft. Es hüllt sich in materielle Mäntel wie die Safes und Prachtbauten der Banken und Finanzministerien, Schmuck und Leibwächter, denn Geld muss sich zur Schau stellen lassen.

- Ihr habt die Musik erschaffen und seid dabei über die Sprache hinaus gegangen. Welch ein Weg von der Hirtenflöte über die klassische Musik zum alles übertönenden Pop!

- Mit Zaubersprüchen, Göttersagen und Märchen begann die Literatur, und heute werden mehr Bücher geschrieben als es Leser gibt – ein wahrer Triumphzug der Wörter!
- Den Zeugungsakt habt ihr zur Sexualität promoviert, die Kunstform, Handwerk und Lebensinhalt ist.

Ich bin nicht nur Zuschauer sondern auch Bewunderer eurer Welt.

Ja, eure Welt wuchert. Städte, Straßen, Industrieanlagen, Maisfelder, Mülldeponien verdecken Meine Welt, die Natur. Smog und Lichter verdunkeln Meine Sterne, ihr könnt sie kaum noch sehen und kennt sie nicht mehr. Wozu auch? Ihr habt ja GPS und TV. Eure Welt wuchert aber auch in euren Köpfen und lässt keinen Raum für Gedanken an Meine Welt. Ihr denkt nur an Autos, Aktienkurse, Einkaufen, Sex, Schlagzeilen, Schnaps, Stau und Spiele. Euer Denken ist weit überwiegend auf eure Welt gerichtet und nicht mehr auf Meine. Es ist nicht der Verstand, der euch dabei leitet, aber es ist die Sorte Denken, die eure Welt wachsen lässt.

Den Verstand habt ihr auch, aber ihr benutzt ihn sparsam, und das ist weise. Denn er könnte den Kristallpalast eurer Welt beschädigen wie ein Stein ein Glashaus. Es ist nämlich so, auch wenn ihr es nicht hören wollt: In eurer Welt ist alles Wahre gelogen und jede Lüge ist wahr. Auch Ich, euer Gott, bin als Teil eurer Schöpfung gleichzeitig wahr und Lüge. Es gibt keine Wahrheit, die nicht bezweifelt werden kann. Das kommt daher, dass Worte die eigentlichen Bausteine eurer Welt sind, um die herum alles übrige materialisiert wurde. Diese Ambivalenz ist die Stärke eurer Welt. Nichts kann sie zerstören, höchstens der Verstand als schärfste eurer Waffen, und diese Waffe lasst ihr besser stecken. Ich bewundere eure Welt.

Mit Bewunderung beobachte Ich auch eure Versuche, Meine Welt vor eurer wuchernden Welt zu schützen: Mülltrennung, Klimaschutz, Umweltschutz – alles wahr und verlogen, gigantisch weltumfassend politisch und kleinkrämerhaft zugleich. Ein neuer, unermesslicher Anbau an eure Welt entsteht aus den Schutzvorhaben für Meine Welt. Anfangs waren sie nur Schein und Alibi, aber inzwischen sind sie mächtig materiell – und noch immer nutzlos. Geringster Nutzen bei größtem Aufwand!

Eure Welt überwuchert unaufhaltsam nicht nur Meine, sie schlägt auch auf euch zurück. Sie hat euch verändert und damit wiederum sich selbst. Sie hat Macht über euch gewonnen, ihr seid die Sklaven eurer Welt. Sie teilt euch Menschen in Erfolgreiche und Erfolglose. Dazu habt ihr das wunderbare Wort „Gerechtigkeitslücke" erfunden. Es gibt aber keine Gerechtigkeit in eurer Welt, jedoch man kann darüber streiten und mit dem Wort Wahlkämpfe führen.

Kann Ich die Gerechtigkeitslücke schließen?

Die meisten von euch brauchen Mich und benutzen Mich. Der Erfolgreiche sieht Mich als Gott der Erfolgreichen, der dem Tüchtigen zur Seite steht, ihm seinen Erfolg ermöglicht, ihn bestärkt in seinen Winkelzügen, die ihn reich machen. Der Getretene sieht Mich als Gott der Getretenen, der ihm Trost spendet und Hoffnung gibt, die ihm das Durchhalten ermöglicht, und ihn bestärkt in seinen Winkelzügen, mit denen er sein Überleben sichern will. Der Getretene hofft, dass sein Gott die Erfolgreichen stürzen lässt. Der Erfolgreiche hofft, das sein Gott ihn vor der Wut der Getretenen schützt. Ich bin der Gott der Erfolgreichen und der Erfolglosen, der Aufsteigenden und der Fallenden. Ich bin ein anpassungsfähiger Gott, Ich bin der Gott der Winkelzüge.

Ich tue nichts. Ich schaue zu. Aber jeder, der an Mich glaubt, glaubt, Ich würde ihn in seinen Plänen bestärken, Ich würde ihm zurufen: Ja, es ist gut und richtig, was Du vorhast! Tu es, und dann wird vielleicht alles besser oder bleibt wenigstens gut ...

Eure Welt ist ein Rahmen für vieles, das immer schneller wächst und vergeht. Und superschnell ist der Computer. Mit seiner Erschaffung habt ihr die dritte Schöpfungsrunde eingeläutet, die nächste Umdrehung der Spirale.

Für Mich geschieht nun etwas Aufregendes: Die Computer werden euch zu Zuschauern bei der Erschaffung ihrer Welt machen, der Welt der Computer. Genauso wie ihr Mich zum Zuschauer bei der Erschaffung eurer Welt gemacht habt.

Januar 2008

Herbstabend

Wir - leben auf dem Grund einer Vase,
die der HERR in seinem Zimmer stehen hat.
Manchmal drückt er, um zu gucken, seine Nase
an der Glasbedeckung des Gefäßes platt.

Abends wenn die kleinen Weiher etwas stinken,
lässt der HERR den Deckel langsam niedersinken.

Weil - sich infolge des die Luft verdickt,
kriegen alte Leute leider manchmal Krämpfe,
und die Sonne wird ins gelbe Gras gedrückt,
und in Bodennähe kondensieren Dämpfe.

Dorfwärts ziehen Bauern mit Kartoffelfuhren,
in den Städten schminken sich die frühen Huren.
ER erfreut von oben sich an Mönchstonsuren.

~1970

Tobits Gebet - *und seine geheimeren Gedanken*

(Bibeltext "Das Buch Tobit, Kapitel 3" und Interpretation)

Herr, Du bist gerecht,
> *(was Du so unter Gerechtigkeit verstehst!)*

alle Deine Wege zeugen von Deiner Barmherzigkeit
> *(die habe ich jetzt bitter nötig,*
> *nachdem Du mich in den Jammer gestürzt hast)*

und Wahrheit:
> *(es fällt mir schwer, den Schriften zu glauben,*
> *aber ich versuche es ja immer wieder)*

wahr und gerecht ist Dein Gericht in Ewigkeit.
> *(ich zweifle daran, und ich würde verzweifeln,*
> *wenn ich nicht eine kleine Hoffnung hätte,*
> *dass Dein Gericht am Ende gerecht und wahr ist)*

Denk an mich und blick auf mich herab!
> *(ich weiß nicht,*
> *ob Du mir das Leid willentlich angetan hast,*
> *oder ob Du es nur einfach geschehen ließest,*
> *weil Du noch nie auf mich geblickt hast, dann tue es jetzt!)*

Straf mich nicht für die Sünden und Fehler,
> *(was Sünden und Fehler sind, das bestimmst Du)*

die ich und meine Väter Dir gegenüber getan haben.
> *(ich weiß, das ist bei Dir und Deiner Art Gerechtigkeit*
> *eine vergebliche Bitte)*

Sie haben nicht auf Deine Gebote gehört,
>   *(deren Sinn man nicht leicht einsehen kann,*
>   *wenn der Nachbar reich und zufrieden dem Baal huldigt!)*
darum hast Du uns der Plünderung, der Gefangenschaft
und dem Tod anheim gegeben.
>   *(und dabei keinen Unterschied*
>   *zwischen Gehorsamen und Sündern gemacht)*
Bei allen Völkern, unter die wir zerstreut worden sind,
hast Du uns zum Gespött gemacht.
>   *(oder tun wir das nicht selbst,*
>   *indem wir trotz allem weiter zu Dir beten?)*
Auch jetzt treffen mich
>   *(warum mich und nicht meine viel schlimmeren Brüder?)*
zu Recht
>   *(zu Deinem unverständlichen Recht)*
Deine harten Strafen, die Du über mich kommen lässt
wegen meiner
>   *(ich halte mich zwar weitgehend unschuldig,*
>   *aber Sippenhaftung ist so Deine Art)*
und meiner Väter Sünden.
>   *(geht das Bestrafen immer weiter?*
>   *kannst Du nicht mal einen Schlussstrich ziehen?)*
Denn wir haben Deine Gebote nicht gehalten
und haben den Weg Deiner Wahrheit verlassen.
>   *(die Rabbiner werden nicht müde, das zu wiederholen,*
>   *bis wir es glauben)*
Tu also mit mir, was Dir gefällt.
>   *(lieber nicht, aber Du tust es ohnehin)*

Lass meinen Geist von mir scheiden,
lass mich sterben und zu Staub werden.

(dann kann ich sehen, ob Deine Gerechtigkeit wenigstens
im Himmel so ist, wie ich mir das wünsche und vorstelle)

Es ist besser für mich, tot zu sein als zu leben.

(denn ich folgte ja Deinen Geboten, aber die anderen nicht.
Und ich wurde bestraft, und die anderen nicht.
Das will ich nicht mehr aushalten)

Denn ungerechte Vorwürfe musste ich mir anhören,

(von meiner Frau, dieser Hure. Ich weiß doch genau,
für welche Dienste sie das Ziegenböcklein erhalten hat,
ich bin blind aber nicht schwachköpfig)

und ich bin sehr betrübt.

(weil sie sich über meinen Gehorsam Dir gegenüber
lustig macht, und weil sie vielleicht damit recht hat,
das ärgert mich am meisten. Was habe ich davon?
Deine Strafe!)

Lass mich jetzt aus meiner Not zur ewigen Ruhestatt gelangen!

(Denn es reicht mir jetzt wirklich!
Es ist die letzte Barmherzigkeit, um die ich Dich bitte)

Wende Deine Augen nicht von mir ab!

(und schau Dir nur genau an,
was Du Schlimmes an mir angerichtet hast!)

~1998

Die Gebetsmühle von Nyalla

Im Oktober 2016 reiste ich nach Bhutan. Ich war dort nicht als Tourist, sondern als Experte für Gebetsmühlen. Diese Geräte verstehe ich gut und kann ihre mechanischen Fehler reparieren. Normalerweise arbeite ich mit einem buddhistischen Lama zusammen, der Spezialist für die spirituellen Probleme dieser Mühlen ist. Im Inneren befinden sich Zettel oder Stöckchen mit Mantras, die ein Lama geheiligt hat. Wenn Du die Mühle drehst, wird der Geist dieser Mantras, das sind Worte Buddhas, aktiviert, er erhebt sich zum Himmel, verbessert dadurch das Erdenleben und Dein Karma. Das funktioniert auch, wenn Wasser, Wind oder Sonne die Gebetsmühle antreibt. Von größter Wichtigkeit ist jedoch, dass die Drehrichtung stimmt (im selben Sinn wie der Umlauf der Sonne). Auf der Südhalbkugel dreht man die Mühlen also in anderer Richtung, und am Äquator wird die Achse waagerecht montiert. Ebenfalls bedeutsam ist, dass Deine Gedanken beim Drehen nicht auf Deinen Vorteil gerichtet sind.

Die Kunst, Gebetsmühlen aller Art zu reparieren, erwarb ich 2015 in Nepal nach dem großen Erdbeben, das ich miterlebte. In den Tagen danach waren die Menschen damit beschäftigt, sich und andere zu retten und die Trümmer weg zu räumen. Die meisten Touristen entflohen dem Chaos. Aber ich blieb, und als ich die zerstörten Straßen durchwanderte auf der Suche nach einer Möglichkeit, mich nützlich zu machen, entdeckte ich in einer Tempelruine zerstörte Gebetsmühlen, von denen ich einige wieder lauffähig machen konnte. Das sah ein alter buddhistischer Mönch, er begleitete mich bei weiteren Reparaturversuchen und erklärte mir die Spiritualität und die Mechanik der Geräte. In den folgenden Tagen reparierten wir tausende Gebetsmühlen in Kathmandu. So erhielt ich meinen Ruf als Experte.

In Bhutan ging es um eine bedeutende alte Mühle nahe eines Klosters im Tal Nyalla. Andere Mechaniker hatten es bisher nicht geschafft, die Mühle dauerhaft zu reparieren. Das Problem mit den Gebetsmühlen in Bhutan ist, dass sie die dort ansässigen Dämonen ärgern, und diese versuchen permanent, die Mühlen zu zerstören. Die Dämonendichte im Land ist ziemlich hoch. Die Gebetsmühle beim Kloster in Nyalla funktionierte nicht, weil ein neuer Typ von Cucarachas (Schaben) nahe der Mühle lebte. Diese Tiere sonderten ein Sekret ab, das polymerisierte und dadurch die Achse der Gebetsmühle verklebte und unbeweglich machte. Diese speziellen Cucarachas waren eine neue Mutation, erschaffen von der Demonessa Kunzang. Dieser weibliche Dämon bewohnt das obere Tal Nyalla. Alle Versuche, die Mühle zu reinigen und zu reparieren wirken nur für kurze Zeit und müssen vergeblich bleiben, wenn die Cucaracha-Mutation nicht eliminiert wird. Aber das ist schwierig, denn Gift darf keinesfalls verwendet werden, und überhaupt darf man die Cucarachas nicht direkt bekämpfen, denn jedes Leben ist heilig. Giftanwendung würde nicht nur die Mühle spirituell auf Ewigkeit zerstören, schlimmer noch, es würde das Karma der Mönche im Kloster nebenan reduzieren, so dass diese später möglicherweise als Tiere wiedergeboren würden. So blieb nur, dass der Lama des Klosters und ich eine große Meditation durchführten, drei Tage ohne Essen. Schließlich gelang es uns dadurch, die mutierten Cucarachas zu neutralisieren und die Dämonessa Kunzang vom Ort zu bannen - sagte der Lama. Aber zur größeren Sicherheit kaufte ich einige Hühner, die jetzt nahe der Mühle leben, die nicht gefüttert werden aber Cucarachas lieben.

Wolfgang Ebenhöh, November 2016